Ruth Schwarz · Der Eschenheimer Turm

Ruth Schwarz

Der Eschenheimer Turm

Ein Wahrzeichen Frankfurts

Verlag Waldemar Kramer

Die Deutsche Bibliothek – CIP-Einheitsaufnahme
Ein Titeldatensatz dieser Publikation ist bei
Der Deutschen Bibliothek erhältlich

ISBN 3 7829 0517 2
Umschlaggestaltung: Peter H. Schäfer, Frankfurt am Main,
unter Verwendung eines Aquarells von C. Th. Reiffenstein, 1859,
Historisches Museum Frankfurt am Main
Druck: Betz-Druck GmbH, Darmstadt
Verarbeitung: Buchbinderei Schaumann GmbH, Darmstadt

Inhalt

Vorwort

Der Eschenheimer Turm war der größte und schönste Wach- und Wehrturm der Frankfurter Befestigung und ist eines der sagenumwobenen Wahrzeichen der Stadt Frankfurt am Main. 1428 nach Plänen des Dom- und Stadtbaumeisters Madern Gerthener erbaut, trotzte er den Stürmen der Zeit. Er überstand alle alten und neuen Abbruchgedanken, er blieb von kriegsbedingten Zerstörungen verschont. So stand dieses Denkmal mittelalterlicher Baukunst in den 50er Jahren des 20. Jahrhunderts, nachdem sein letzter Bewohner gestorben war, noch fest und stolz am Nordrand der Innenstadt, aber doch einsam wie auf einer Insel inmitten des brausenden Verkehrs, zu der nur wenige einen Weg fanden und auf der nur wenige verweilten. Dies ließ Ruth Schwarz, die ihre ersten Lebensjahre im Eschenheimer Turm verbrachte und deren Herz noch immer am Turm hing, nicht ruhen. Sie strebte danach, den Turm wieder mit Leben zu füllen, ihn der Öffentlichkeit zugänglich zu machen, ihn aus seinem Dornröschenschlaf wachzuküssen. Sie gründete die Aktionsgemeinschaft Eschenheimer Turm. Die Freunde Frankfurts, deren satzungsgemäße Aufgabe es unter anderem ist, sich für die Erhaltung historischer Baudenkmäler einzusetzen, übernahmen die Federführung. Ruth Schwarz verfolgte unermüdlich und beharrlich ihr Ziel. Sie konnte die entsprechenden städtischen Dienststellen gewinnen, die Bürger durch Straßenfeste informieren und zu tätiger Mithilfe veranlassen, die Medien zur Berichterstattung über den Eschenheimer Turm und die Aktivitäten bewegen. 1992 war ihr Einsatz von Erfolg gekrönt: Nach vierjähriger Renovierung erstrahlte der Eschenheimer Turm im neuen Glanz. Im Torbogen wurde ein Restaurant eingerichtet. Das Kaminzimmer im zweiten Obergeschoß, durch Spenden von Frankfurter Bürgern mit Mobiliar im gotischen Stil eingerichtet, konnte nun als Repräsentations- und Veranstaltungsraum genutzt werden. Seitdem erzählt Ruth Schwarz einmal im Monat beim beliebten Krimmelkuche-Kaffee über die Geschichte des Eschenheimer Turms und führt gelegentlich auch Schulklassen durch den Turm. Die Beschäftigung mit dem Eschenheimer Turm hatte sie zudem zu Lesungen von Texten zur Frankfurter Geschichte und zu weiteren Aktivitäten angeregt.

Wir alle danken Ruth Schwarz für ihr beispielhaftes Engagement für unsere Stadt. Wir freuen uns, daß nun ein weiteres Anliegen von Ruth Schwarz, auch durch Förderung der Freunde Frankfurts, verwirklicht werden konnte: alles das in Buchform vorzulegen, was sie an Daten und Fakten über den Eschenheimer Turm, an Texten und Abbildungen zusammengetragen hat, für alle, die an der Geschichte des Eschenheimer Turms und an der Geschichte Frankfurts interessiert sind.

Johann Philipp Freiherr von Bethmann
Vorsitzender der Freunde Frankfurts

Ursprünge

Wie kam es dazu, daß der Eschenheimer Turm am nördlichen Ausgang der Stadt zu einem der wichtigsten, zum schönsten der Tortürme und zu einem Wahrzeichen der Stadt wurde?

Es begann mit der zweiten Stadterweiterung, die Ludwig der Bayer aus dem Hause Wittelsbach am 17. Juli 1333 für Frankfurt bewilligt hatte. Die vorhergehende Grenze war die Staufenmauer, von der noch Teile erhalten sind. Dieser Ludwig der Bayer, geboren um 1283, gestorben am 11. November 1347, wurde 1314 zum König gewählt und 1328 zum Kaiser gekrönt. Er war damals der noch königlichen Stadt (1219 bis 1372), sicher auch aus politischen Gründen, besonders zugetan. Dafür kann als Zeichen angesehen werden, daß die meisten kaiserlichen Dokumente der Stadt Frankfurt von Ludwig stammen. Durch sein Wirken hat er einiges zu Frankfurts bedeutender Geschichte beigetragen.[1] Wenn er in Frankfurt weilte, nahm er sein Quartier im Deutschherrenhof. Zu Recht wurde bei der Erneuerung der Dreigiebelfassade am Römer in den Jahren 1896–1900 auch Ludwig der Bayer dargestellt. Der Betrachter, der auf dem Römerberg steht, wird über dem Balkon der Dreigiebelfassade in der zweiten Statue von links Ludwig den Bayern erkennen können.[2] Sein Bildnis, gemalt von Karl Ballenberger, wurde in die Galerie der Kaiserbilder aus dem 19. Jh. im Kaisersaal des Römer eingereiht. Auch im Landesmuseum in Mainz ist heute noch eine steinerne Gestalt von Ludwig dem Bayern zu sehen. Woher die Figur in Mainz stammt, darf hier kurz erläutert werden, da es sich um eine ungewöhnliche Abbildung handelt und die seltene Darstellung der sieben Kurfürsten im Mittelalter. Anfang des 14. Jh. wurde von der Mainzer Bürgerschaft der Bau eines Kaufhauses in Auftrag gegeben, welches 1317 fertiggestellt war. Etwas später wurde das Haus noch mit Zinnen bekrönt, die nach der Vorderfront des Gebäudes die in Stein gehauenen Darstellungen des damaligen Kaisers Ludwig der Bayer und der sieben Kurfürsten zeigten. Beim Abbruch des Baues

[1] Wolter SJ, Hans: Frankfurt am Main als Ort christlich-abendländischer Begegnung, S. 45.

[2] Traut, Hermann: Der Römer und die neuen Rathausbauten zu Frankfurt a.M., S.17f.

Kaufhaus auf dem Brand in Mainz, Zinnenkranz mit dem König und römischen Kaiser und den sieben Kurfürsten, Ludwig Ernst Schulz um 1850, Landesmuseum Mainz

im frühen 19. Jh. blieben die Zinnen mit den Figuren erhalten, welche dann im Museum in Mainz ihren Platz gefunden haben.

Ab dem Zeitpunkt der neuen Stadterweiterung in Frankfurt im Jahre 1333 wurde der durch die Staufenmauer begrenzte Teil die „Altstadt" genannt.[3] Das neu hinzugekommene Gebiet, die sogenannte „Neustadt", reichte nun bis an den heutigen Anlagenring. Auch dieser Teil mußte befestigt und die Bewohner geschützt werden. Besonders am nördlichen Ein- und Ausgang der Stadt kam es immer wieder zu Händeln mit den „Überhöhischen", wie die Taunusritter genannt wurden. Allerdings waren die Frankfurter nicht ganz schuldlos an diesen Zuständen, sie waren nach verschiedenen Überfällen auf die zur Messe fahrenden Händler mit den voll-

[3] Bothe, Friedrich: Geschichte der Stadt Frankfurt am Main, S. 34.

bepackten Wagen gen Kronberg gezogen, hatten Felder und Gehöfte verwüstet und schälten die Stämme der Edelkastanien, wie auf dem bekannten Gemälde „Die Kronberger Schlacht“ zu sehen ist, so daß die Bäume abstarben, was im Gegenzug wohl wieder einen Fehdebrief an den Rat der Stadt zur Folge hatte.

Es ist zu bedenken, daß die politischen und örtlichen Zugehörigkeiten in dieser Zeit sehr kompliziert und häufigen Änderungen unterworfen waren, die immer wieder Zwistigkeiten und Unruhen herbeiführten. Der 1378 gewählte, erst 18-jährige König Wenzel war den schwierigen Aufgaben, ein so großes Reich zu regieren, nicht gewachsen. Er saß untätig in Prag. So konnten im ganzen Reich die nach Geld und Macht strebenden Ritter und kleine Landesfürsten nach ihrem Gutdünken handeln. Ein besonderer Dorn im Auge der Ritterschaft waren die durch den Handel aufblühenden Reichsstädte. Daher war es nicht verwunderlich, daß versucht wurde, die reichen „Pfeffersäcke“, wie die Frankfurter Kaufleute genannt wurden, bei den Fehden gleichzeitig etwas zu erleichtern. Bis hin zum 15. Jh. währte die Zeit des florierenden Raubrittertums. 1389 kam es dann zwischen den Reichsstädtern und Reichsrittern zu der Schlacht vor Kronberg, wobei die Frankfurter eine böse Niederlage erleiden mußten. Es dauerte einige Jahre, bis Frankfurt die auch für damalige Zeiten ungeheure Gesamtsumme in Höhe von 73.000 Goldgulden abgezahlt hatte, um die Auslösung der 613 Gefangenen, einschließlich des Stadtschultheißen, zu erwirken.[4] Helmut Bode hat diese, für Frankfurt wenig rühmliche Geschichte der „Kronberger Schlacht“ in sein Buch „Frankfurter Sagenschatz“ aufgenommen, gleichfalls die Taten des Raubritters „Bechtram von Vilbel“, einer verwegenen Figur aus der Zeit des im 14./15. Jh. verarmten Rittertums. Er ging gern auf Raub aus, um sich auf Kosten der Kaufleute, die zur Frankfurter Messe kamen, zu bereichern. Es ist heute schwer nachvollziehbar, wie er zeitweise als Söldnerführer in Frankfurter Dienste genommen wurde, was schließlich nicht gut enden konnte. Im Jahre 1399 mußten die Frankfurter den Erzbischof

[4] Kaufhaus der Deutschen, in: FAZ 31.5.1990 und Bode, Helmut: Die Schlacht bei Kronberg am 14. Mai 1389, S. 7.

von Mainz um Beistand in der Fehde mit Bechtram und Walter von Vilbel bitten.[5] Er gab keine Ruhe, immer wieder überfiel Bechtram von Vilbel Frankfurter Kaufleute. Als er dann bei einem Raubzug festgenommen wurde, verurteilte ihn der Rat der Stadt zum Tode. Am 27. August 1420 wurde er mit seinen beiden Knechten vor dem Bockenheimer Tore enthauptet. Zunächst wurde er in der Katharinenkirche begraben, da er aber in Acht und Bann gestorben war, wurde er des Nachts wieder ausgegraben und am Gänsegraben verscharrt. Eine Bilddokumentation zeigt die willkürlich gruppierte Darstellung der Rittersleute mit dem Wappen der Grafen von Hanau bzw. Eppstein sowie Kronberger und Vilbeler Ritter, sie wurde zum Festzug des 17. Deutschen Bundes- und Goldenen Jubiläums-Schießens am 14. Juli 1912 zu Frankfurt herausgegeben. (S. Abb. Seite 14)

Vielerlei Ursachen machten eine sachgemäße Befestigung um die Neustadt immer dringlicher. Zum Beispiel: Ab Mitte des 14. Jh. begann die Blütezeit der Frankfurter Messen, wozu jeweils die kostbarsten Güter aus aller Welt nach Frankfurt kamen.[6] Ein weiterer Grund waren die neuen Feuerwaffen. Sie hatten u.a. eine größere Schußweite als die alten Armbrüste und Steinkugeln (Boler genannt). Dies mußte bei der Planung berücksichtigt werden. Auch die vor der Stadt auf dem Felde arbeitenden Bürger mußten geschützt werden. Die ständige Gefahr, von einem „Schnapphahn"[7] überfallen zu werden, war sehr groß, denn die Mitgenommenen kamen nur frei, wenn die Familie das geforderte Lösegeld aufbrachte, was ihr oft erst nach langer Zeit möglich war. In diesen alten Zeiten war der „Schnapphahn" eine weit verbreitete, geläufige Bezeichnung für Strauchdiebe zu Pferd, Straßenräuber und Wegelagerer. Sie konnten auf freiem Gelände ungehindert ihr schändliches Werk vollbringen. Weiterhin war Frankfurt im Jahre 1356 endgültig zur Wahlstadt der deutschen Könige proklamiert worden, was eine zusätzliche Verpflichtung für die Sicherheit der hohen Gäste bedeutete. Damals wurde Frankfurt als „Das Kaufhaus der Deutschen" bezeichnet. Be-

[5] Giegerich, Willi: Bad Vilbel.
[6] Dietz, Alexander: Die zwei Reichsmessen zu Frankfurt a. M., S. 30ff.
[7] Grimm, Jacob und Wilhelm: Deutsches Wörterbuch, Bd. 15, S. 1174.

Eschenheimer Turm am Zwinger, Ölgemälde von Peter Becker (1828–1904) Kunsthandlung J. P. Schneider jr., Frankfurt a. M.

sonders die Messen waren dann ein Anziehungspunkt für Gauner, Diebe und Bettler. „Sie pflegen wol die ersten zseyn / Mit alten, jungen, gross und klein. / Geritten, gfahren, und gegangen / Mit vil Kindern an sich hangen…," erklärt der Brillenkrämer im ‚Marktschiffergespräch' (1596), einer berühmten alten Schrift, von Marx Mangold, worin das Leben und Treiben zu den Messezeiten sehr packend beschrieben ist.[8] Wie bereits seit der von Ludwig dem Bayern genehmigten Stadterweiterung erkannt und durch die verschiedenen Ereignisse bzw. Veränderungen bestätigt, wurde es daher notwendig, einen Schutzwall um Frankfurt zu bauen.

Der Bau dieser neuen Stadtmauer mit Zwinger und einem ca. 8–10 Meter breiten „nassen Graben", kam nur langsam voran. Das lag wahrscheinlich zum großen Teil an den nachhaltigen finanziellen Nöten. Die Vollendung dieser Stadtmauer ist erst im „Belagerungsplan von 1552" von Conrad Faber zu erkennen. Den Baubeginn der Bastionen im zickzackförmigen Verlauf um Frankfurt, durch Festungsbaumeister

[8] Schembs, Hans-Otto: Weither suchen die Völker sie auf, S. 39.

Bilddokumentation aus der Raubritterzeit, Institut für Stadtgeschichte Frankfurt a. M.

Johann Wilhelm Dilich, Anfang des 17. Jh., hat dann Matthäus Merian d. Ä. in seiner berühmten Stadtansicht von 1628 festgehalten.[9] Schon früher war die Notwendigkeit erkannt worden, zum Zweck der besseren Überwachung vor der Stadtmauer bzw. den Befestigungsanlagen einen vorgeschobenen Schutzwall anzulegen. Von 1370 an bis 1427 wurde daher eine Landwehr im Radius von ca. 3 km um die Stadt mit einem in der damaligen Zeit unüberschreitbaren „Gebück" gebaut. Ein Gebück besteht aus in Mannshöhe gehaltenen, dicht beieinander stehenden Hecken, die durch ineinandergreifende Äste für Menschen und Wagen unüberwindlich waren. Zur weiteren Sicherung wurden später die mit Wächtern besetzten Warten errichtet, die gleichzeitig die Aufgabe hatten, die auf dem Feld arbeitenden Bürger zu warnen, wenn zwielichtiges Gesindel oder die „Schnapphähne" unterwegs waren. Die Warnung geschah dann durch Auf- und Abziehen eines Korbes an den Warten oder Wachtürmen. Bis heute sind die Warten erhalten und wieder liebevoll restauriert. Erbaut wurde die Galluswarte 1414, die Bockenheimer Warte 1434/35, die Sachsenhäuser Warte 1470/71 und die Friedberger Warte 1478. Der Bau der Ringmauer um die Neustadt mit den sogenannten „nassen Gräben", die vom Main gespeist wurden und reich mit Fischen bestückt waren, hatte bereits 1343 begonnen.[10] Es dauerte 170 Jahre, bis die gesamte Anlage vollendet werden konnte.[11] Im Laufe der Zeit wurden an den

[9] Schüßler, Heinrich: Frankfurts Türme und Tore, S. 63.
[10] Cohausen, A. von, Oberst: AfGK, neue Folge, vierter Band, 1869, Beiträge zur Geschichte der Befestigung Frankfurts im Mittelalter, S. 24f.

Der Eschenheimer Turm mit Stadtmauer, Aquarell von Carl Theodor Reiffenstein, 1859, Historisches Museum Frankfurt a. M.

wichtigen Ein- und Ausgangsstraßen der Stadt große Tore und Türme gebaut, die bis Anfang des 19. Jahrhunderts abends geschlossen werden mußten. Das Abschließen dieser Tore zur Stadt wurde u. a. besonders wichtig, wenn Seuchengefahren drohten oder wieder mal die Pest in Frankfurt wütete.

Bereits am 11. Oktober 1349 [12] wurde dann an der Eschenheimer Pforte der Grundstein zu einem „Runden Turm" ge-

Idylle vor dem Eschenheimer Tor, nach der Nautur gemalt von Johann Friedrich Morgenstern (1777–1844), Original im Historischen Museum Frankfurt a. M.

legt, der offenbar als gewöhnlicher Mauerturm ausgeführt worden ist. In einem Artikel der Frankfurter Zeitung vom 27.5.1928 schreibt Carl Heinrich: „... ein vergilbtes Blatt aus alten Tagen erzählt, daß anno 1391 auf dem Eschiersheimer Turm vier Feuerbuchsen dazu 44 Bleiklötzlein (Kugeln) benebst einem Sack Pulver, auch vier Stegreifarmbruste und drei Laden voll Pfeile vorhanden waren". Leider sind über diesen Rundturm sowie den genauen Standort am damaligen nördlichen Hauptausgang der Stadt keine weiteren Unterlagen aufzufinden. Der Frankfurter Lokalhistoriker Emil Padjera erklärt in einem Aufsatz „Das mittelalterliche Vorwerk des Eschenheimer Tores",[13] daß die ersten, leider in sehr kleinem Maßstab gehaltenen und ungenauen Grundrisse der Stadtbefestigung aus dem Anfang des 17. Jh. stammen. Dieser schlichte

[11] Battonn, Joh. Georg: Oertl. Beschreibung der Stadt Frankfurt am Main Erstes Heft 1861, S. 102f.

[12] Cohausen, ebd.

[13] Mitteilungen des Vereins für Geschichte und Altertumskunde Frankfurt, Band7, 1885. Emil Padjera „Das mittelalterliche Vorwerk des Eschenheimer Tores".

runde Mauerturm wurde Anfang des Jahres 1400 wieder abgebrochen. Den Frankfurtern war klar geworden, daß sie aufgrund der politischen Lage die Festungswerke um Frankfurt verstärken mußten. Denn inzwischen war der an der Spitze des Reiches stehende, recht unbewegliche und untätige König Wenzel in Prag abgesetzt und dafür der aktivere Ruprecht von der Pfalz, dem die Frankfurter die furchtbare Niederlage bei Kronberg verdankten, zum König gewählt worden. Diese neue Situation konnte wiederum zu weiteren kriegerischen Wirren führen.

Nun sollte an der nördlichen, damals strategisch wichtigen Stelle der Stadt, ein stabiler Wach- und Wehrturm gebaut werden. Den Abbruch des Rundturmes besorgte Meister Cles Mengoz, der zu dieser Zeit als Zimmermann bei der Stadt Frankfurt beschäftigt war. Bereits Ende Juni 1400 konnte der Grundstein für den neuen Turm gelegt werden. Noch im gleichen Jahr wurde mit den Bauarbeiten eines viereckigen Unterbaues begonnen. Dieser war mit einem einfachen Kreuzgewölbe versehen, in das zwei Gußlöcher eingelassen wurden, um bei Gefahr durch Herabschütten von Bauschutt, welcher hinter der Galerie gelagert wurde, den Durchgang verschließen zu können. Bei einem Ansturm das Gewölbe zwischen beiden Toren mit Bauschutt auffüllen zu können, nannte man „verdarassen“, ein heute nicht mehr gebräuchliches Wort.[14] Der Sockel erhielt ein großes mit Schiefer eingedecktes Dach. Es bleibt unserer Vorstellungskraft vorbehalten, wie dieser Unterbau ausgesehen haben muß, denn auch hierzu existieren lt. Padjera aus der Zeit der Erbauung weder Ansichten noch Grundrisse. Warum der geplante Turm vorerst in Höhe der Stadtmauer abgeschlossen wurde, lag wahrscheinlich am Geldmangel der Stadt. Denn im Jahre 1405 kaufte der Rat die im damaligen Mittelpunkt der Stadt gelegenen Häuser ‚Römer‘ und ‚Goldner Schwan‘, die zum Rathaus umgebaut werden mußten.[15] Und zum Bau des Westturmes am Kaiserdom ab 1415 – nach Entwürfen Madern Gertheners – war mit weiteren Baukosten zu rechnen. Immerhin kamen am

[14] Bothe, Friedrich: Geschichte der Stadt Frankfurt am Main, S. 57.

[15] Traut, Hermann: Der Römer und die neuen Rathausbauten zu Frankfurt a.M., S. 2f.

Die Eschersheimerpforte in Frankfurt a. M. im Jahre 1450, nach dem Modell von Emil Padjera, Frankfurt a. M.

Eschenheimer Turm in dieser Zeit um 1409 – jenseits des Wassergrabens ein Vortor mit zwei kleinen Türmchen hinzu. In diesem Zustand verblieb die Pforte bis 1426. Dann wurde der Turm, wie er heute noch in seiner mittelalterlichen Schönheit steht, von Baumeister Madern Gerthener fertiggestellt. Dieser Turm, von Anfang an „Eschenheimer Torturm" genannt, wurde zum Mittelpunkt der gotischen Stadtmauer.

Der Ausdruck „Eschenheimer" ist aus dem Frankfurter Dialekt heraus entstanden. Die Frankfurter schleifen die Worte bis sie sich liebevoll und doch bequem aussprechen lassen, z.B. e Dibbche, e Deckelche, e Schlippche, e Schleifche, und so ist auch „de Esche(ne)mer Torm" zu erklären. Der Frankfurter Lehrer und Historiker Anton Horne schreibt dazu in seinen 1897 erschienenen „Frankfurter Inschriften": „Ein Eschersheimer Turm würde gar die Vorstellung erwecken, als gehöre er zu dem Dorfe Eschersheim". Eschersheim wurde erst am 1. April 1910 eingemeindet.

In die gesamte Befestigungsanlage wurden im Laufe der Bauzeit (1343–1513) ca. 60 kleinere Türme und Tore „gewöhnlich einen Pfeilschuß voreinander entfernt", eingebaut, wie es in einer alten Beschreibung der Burgen heißt. Auf dem Faberschen Belagerungsplan von 1552 sind noch die kleineren Nachbarn des Eschenheimer Turmes gut zu erkennen. Sie hatten sogar Namen, und zwar die beiden links vom Turm wurden „Zur Leuchte“ und „Zur Kanne“ und der rechtsseitige „Zur Meise“ genannt. Leider ist von ihnen nichts mehr erhalten. Die verbindende Stadtmauer hatte eine Höhe von sechs bis acht Metern, und der überdachte Wehrgang war mit Zinnen und Schießscharten versehen.

Gerhard Johannes Ringshausen hat sich sehr um die Erforschung des Eschenheimer Turmes bemüht. Er schreibt in seiner bestens recherchierten Doktorarbeit (1964): „Trotz seiner Bedeutung ist die Baugeschichte des Eschenheimer Tor-Turmes nur wenig untersucht, sein künstlerischer Wert nicht allgemein erkannt. 1868 veröffentlichte A. von Cohausen die grundlegende Arbeit über den Eschenheimer Turm und die Frankfurter Befestigungen im Mittelalter. Seine Ergebnisse wurden von den späteren Forschern weithin übernommen. Da die wichtigste Grundlage seiner Abhandlung, die Baumeisterbücher, im letzten Weltkrieg verbrannt sind, muß heute jede Untersuchung der Baugeschichte des Torturmes auf die Angaben A. von Cohausens zurückgehen.“ Von Emil Padjera, Frankfurter Lokalhistoriker (geb. 30.5.1848, gest. 4.11.1927), stammt das abgebildete Modell, welches im Original leider nicht mehr vorhanden ist. Er befaßte sich eingehend mit den Frankfurter Befestigungsanlagen.

So ist am nördlichen Ausgang der Stadt einer der größten und mächtigsten Türme innerhalb der Stadtmauer entstanden. An schönen Tagen muß es für die Wachsoldaten vom Eschenheimer Turm aus ein herrlicher Anblick gewesen sein, über die fruchtbare Ebene bis hin zum Taunus zu schauen, der noch zu Goethes Zeiten „die Höhe“ genannt wurde.

Für uns ist dieser Turm aus dem 15. Jh. ein wertvoller Zeitzeuge zum Anfassen. Mit einiger Phantasie ist leicht vorstellbar, wie er in seiner Größe mit vergoldeter Wetterfahne auf der Spitze und den Türmchen mit ihren Windfähnchen lustig anzusehen war. Damals wurde seine Höhe noch von keinem anderen Bauwerk gestört.

Einige Daten zur Baugeschichte des Eschenheimer Turmes

1346–1349	Entsteht ein „runder Turm“, armiert mit 4 Feuerbüchsen, dazu 44 Bleikugeln, ein Sack Pulver, 4 Stegreifarmbrüste und drei Laden Pfeile.
Anfang 1400	Abbruch des „runden Turmes“ und im Juni Baubeginn des viereckigen Untersatzes des neuen Torturmes durch Zimmermann Meister Cles Mengoz. Der viereckige Untersatz wurde überdacht und mit Schiefer eingedeckt. So blieb er 25 Jahre stehen.
1409	Der viereckige Unterbau erhält aus Sicherheitsgründen eine Schloßpforte. Jenseits des Grabens wird, durch eine hölzerne Brücke verbunden, ein „Vorbord“ (=Vortor) mit zwei Türmchen angebracht, welches mehrfach umgebaut wurde.
1426	Weiterbau des Turmes durch Stadtbaumeister Madern Gerthener. Reliefs stadteinwärts Stadtadler und -auswärts Reichsadler, von Madern Gerthener gemeißelt und in das Feldsteinmauerwerk des Turmes eingebaut.
1428	Fertigstellung des Turmes / Schlüsselübergabe
1436	Leute angestellt, um „den Eibich / (Efeu) an der Mauer by Eschenheimer Porte abzubrechen“.
1445–1446	Zwingermauer (Stadtmauer) mit Scharten und wenigen Ecktürmchen erbaut, lt. Kugler.
1464	Aufstellung einer Schlaguhr (Glocke), die der Blitz 1584 herabwarf. Über Reparatur oder Erneuerung sind keine Unterlagen zu finden. Aus einigen Berichten geht hervor, daß eine Schlaguhr weiterhin benutzt wurde.
	Lt. der alten Feuer-Ordnung war der Eschenheimer Turm als Feuerwache ausgewiesen (s. Kap. „Legenden und Anekdoten“).
1552	Lt. Faber Plan führte seinerzeit noch eine steinerne Brücke mit zwei Brückenbögen über den „nassen Graben“.
1628	wurde vor dem Eschenheimer Tor die Wallcurtine mit einem niederen Tor und einer hölzernen Brücke, mit Teil zum Aufziehen, über den Graben durch Festungsbaumeister Joh. Wilh. Dilich angelegt. „Wallcurtine“ = Begriff der Festungsbaukunst, mittlere Wall-Linie zwischen zwei Bollwerken / Bastionen.

Beginn der Entfestigung am inneren Gallentor. Pflanzung einer Lindenallee. 1705

Endgültige Schleifung der Wallanlagen. ab 1805

Demolierung der Vorbauten am Eschenheimer Turm und des Torgewölbes mit seinen dicken Mauern. Das äußere Tor vor dem Graben blieb stehen und wurde nach verschiedenen baulichen Änderungen dem Fürstprimas Carl von Dalberg zur Ehre „Carlsthor" genannt. 1807

Nach Abbruch der angrenzenden bzw. über die Galerie des Eschenheimer Turmes laufenden Stadtmauer wurden verschiedene bauliche Veränderungen notwendig, z. B. Durchbrüche der beiden seitlichen Nischen im Erdgeschoß des Turmes. Später 1885 als Bedürfnisanstalten eingerichtet. 1822

Am Eschenheimer Turm wurden vorübergehend beidseitig Treppenhäuschen angebaut, die zur Galerie führen, siehe Zeichnung Otto Lindheimer nach Carl Sömering. 1853

Nach Abriß der beiden sehr einfach angebauten Treppenhäuschen Anbau einer Wendeltreppe, früher „Schneck" genannt, an der östlichen Seite des Turmes, um nach Wegfall der Stadtmauer einen dauerhaften Zugang zum Inneren des Turmes zu haben. 1865

Neue Glocke beschafft. 1867

Am 9. Juni wurde durch Blitzschlag die Wetterfahne heruntergeworfen und ein Teil der Turmspitze stark beschädigt. 1874

Renovierung des äußeren Turmes nach Neuvermessung durch Maurermeister und Bauunternehmer J. G. Kugler. Erneuerung der Wetterfahne mit nur sechs Löchern. 1885

Kleinere Restaurierungen, auch in den Jahren 1932, 1959 und 1963. 1911

Neuer ockerfarbener Außenputz. Die beiden Reliefs restauriert und mit heraldischen Farben angemalt. Die Wetterfahne neu vergoldet (Dukatengold) und wieder mit neun Löchern versehen. 1976

Letzte große Renovierung (s. Kap. „Ein Traum erfüllt sich"). 1989–1992

Baumeister und Bauwerk

Meistersiegel des Madern Gerthener, Institut für Stadtgeschichte Frankfurt a. M.

Die frühen Baumeister mußten handfeste Burschen gewesen sein. Schon die Wanderjahre der Handwerksburschen zu den verschiedenen Bauhütten, um Meisterreife zu erlangen, waren eine harte Prüfung. Auch Madern Gerthener, der Erbauer des Eschenheimer Turmes, genialer Baumeister, Architekt und Bildhauer, war einige Jahre auf Wanderschaft. Über seine eingeschlagenen Wege gibt es nur wenige Anhaltspunkte. Wahrscheinlich hat er einige für sein Wirken bedeutende Bauhütten und deren Dombaumeister aufgesucht, um die wichtigsten Bauten seiner Zeit kennenzulernen. Mit einiger Sicherheit ist anzunehmen, daß Gerthener u. a. die großen Wirkungsstätten der „Parler" in Köln, Prag und Nürnberg aufgesucht hat. Bekannt ist, daß er im Jahre 1419 als Gutachter nach Straßburg berufen wurde. In seiner Heimatstadt Frankfurt vollendete er in seiner Eigenschaft als Stadtbaumeister das Querhaus des Domes. 1414 erhielt Gerthener den Auftrag, den Domturm zu bauen, der gemäß seinen Entwürfen, allerdings erst nach dem großen Brand 1867, fertiggestellt wurde.

Auch in der Ausführung der Reliefs war Madern Gerthener Meister geworden. Hier in Frankfurt haben wir in der Liebfrauenkirche am Südportal von ihm ein wunderschönes Thympanon, die „Anbetung der Heiligen Drei Könige", und am Eschenheimer Turm die beiden prächtigen, in Stein gehauenen Adler, und zwar zur Innenstadt hin den Frankfurter Stadtadler und nach Norden, d.h. der früheren Feldseite, den zweiköpfigen Reichsadler. Inzwischen hat sich auch die Erkenntnis durchgesetzt, daß der Kopf im Bogenscheitel des stadteinwärts gerichteten Torbogens am Eschenheimer Turm ein Selbstbildnis Madern Gertheners ist.[16] Im Kaminzimmer des Eschenheimer Turmes ist der Abguß dieses Kopfes mit seinem so lebhaften und interessanten Gesichtsausdruck zu sehen. Ein weiteres Abbild seines Kopfes befindet sich in der linken Ecke des westlichen Querschiffes im Dom zu Frankfurt. Außerdem gibt es im Römer in der Vorhalle zum Ratskeller, bei der ehemaligen Festtreppe, heute „Kapellchen" genannt, an der mächtigen Mittelsäule vier Figuren. Eine davon

[16] Ringshausen, G. J.: Madern Gerthener Leben und Werk nach Urkunden (Dissertation 1968, Göttingen) S. 57f.

soll Madern Gerthener darstellen, der ein Modell des Eschenheimer Turmes in Händen hält.

In der „Geschichte der Deutschen Plastik" von A. Feulner wurde Madern Gerthener als „die bedeutendste Künstlerpersönlichkeit des mittelrheinischen Gebietes" genannt.[17] Sein genauer Geburts- und Sterbetag in Frankfurt konnte bisher nicht festgestellt werden, da hierzu die urkundlichen Belege fehlen. Auf Grund von Unterlagen bezüglich der Übertragung seines Nachlasses wird angenommen, daß er gegen Ende des Jahres 1430 verstarb. Wie sich aus einigen Bedebüchern (Eintragung der Steuerzahlungen) nachweisen läßt, war die Familie Madern Gertheners schon lange in Frankfurt ansässig und hatte einige Steinmetzen hervorgebracht.[18] Von 1395 an bis zu seinem Tode war Madern Gerthener Werkmeister der Stadt Frankfurt,[19] daher ist anzunehmen, daß er bereits anno 1400 beim Unterbau des Turmes mitgewirkt hat, so daß der ganze Eschenheimer Torturm als hinlänglich gesichertes Werk Madern Gertheners betrachtet werden kann.[20] Im Jahre 1426 wurde unter der Leitung des Meisters begonnen, auf den seit 26 Jahren stehenden Unterbau nun den Hauptschaft mit der abschließenden schönen Zinnen- und Helmkrone in einfachen gotischen Formen zu erstellen.[21] Sicher waren es auch hier die finanziellen Verhältnisse, die den langjährigen Stillstand am Bau dieses für den Schutz des nördlichen Ein- und Ausganges der Stadt so wichtigen Torturmes bewirkt haben.

Anfang des 15. Jahrhunderts stöhnte Frankfurt noch immer unter der Last der hohen Ablösesumme, die nach der Schlacht von Kronberg (1389) zu zahlen war. Im Hinblick darauf, daß nur wenige Unterlagen aus dieser Zeit (Baumeister- und Bedebücher) vorhanden sind, können vielfach nur Vermutungen aufgrund nachträglicher Studien über den genauen Ablauf beim Bau des Turmes angestellt werden. Wie zum Beispiel erst bei der letzten großen Renovierung – ab

[17] Ringshausen, ebd., S. 8.
[18] Ringshausen, ebd., S. 16.
[19] Haberland, Ernst-Dietrich: Madern Gerthener „der stadt franckenfurd werkmeister", Urkunde 1415, S. 12.
[20] Ringshausen, ebd., S. 42.
[21] Cohausen, ebd., S. 26.

Ansicht des Eschenheimer Turmes, Durchbruch an der Ostseite, Aquarell von Carl Theodor Reiffenstein, Historisches Museum Frankfurt a. M.

1989 bis September 1992 – nach sorgfältiger Prüfung festgestellt wurde, war der Unterbau des Torgewölbes im Bereich der Durchfahrt zweigeschichtig errichtet worden, und zwar so, daß zum Bau der äußeren und inneren ringförmig erstellten Mauer Natursteine verwendet wurden. Das alles wurde dann mit minderwertigem Steinmaterial aufgefüllt, was später den Durchbruch zu den seitlichen Aufgängen erschwerte.[22] Carl Theodor Reiffenstein, ein anerkannter Chronist Frankfurts, der die Motive gern „en detail" zeichnete, hat zum Glück für die Nachwelt im August 1864 den Durchbruch im Torbogen des Eschenheimer Turmes im Bild festgehalten. Der Durchbruch wurde später vorübergehend zugemauert, aber bei der letzten Renovierung wieder geöffnet, um den Zugang durch den Torbogen zur Wendeltreppe zu ermöglichen.

Ein weiterer Hinweis zu den Baumaterialien: Die Rahmenarchitektur am Portal wurde aus rotem Sandstein gefertigt, die Einfassung der äußeren Ecken aus Bockenheimer Basalt. Dieser um 1400 erstellte Unterbau wurde zunächst mit Schiefer

[22] Architekt Dipl.Ing. Hans Pfefferkorn, Bauleiter der Renovierungsarbeiten 1990–1992.

Blick in die achteckige Spitze eines Ecktürmchens, Foto: Rainer Rüffer

abgedeckt. Lt. Ringshausen konnte nicht eindeutig geklärt werden, ob die beiden unteren Erker (Ecktürmchen) mit jeweils drei Schießlöchern zur Verteidigung bereits im Jahre 1400 oder erst beim Weiterbau errichtet wurden. Die Schieferdächer wurden beim Weiterbau des Turmes abgenommen und die beiden Erker erhielten, wie die vier Türmchen der Turmkrone, achteckige, aus Bruchsteinen gemauerte und mit Kalkmörtel verputzte, Helme und Steinknäufe. Letztere wurden ebenfalls rot bemalt. Zu den verbauten Materialien schreibt Cohausen weiter: „Während die Hausteine, theils Sandstein von Miltenberg am Main, theils poröser Basalt von Bockenheim, und die gewöhnlichen Mauersteine aus denselben Basaltbrüchen und aus den Gruben von Cerithienkalk bei Sachsenhausen kamen, schaffte man Backsteine und Tannenholz von Mainz herauf, und benutzte zu den Baugerüsten viele Schock Stockfischstränge, hindeutend auf den großen Bedarf der damit verpackten Fastenspeise. Im November des selbigen Jahres (1400) wurde die hölzerne Brücke über den Graben, und die Thordurchfahrt fertig und durch die beiden untern Erker vertheidigt. Diese sowie der ganze viereckige Unterbau, der nicht höher war als die Stadtmauer, wurde nun in Zimmerwerk überdacht und mit Schiefer eingedeckt und blieb so 25 Jahre stehen … Im Jahre 1412 und 13 führte man hier und am Friedberger Thor eine Wasserleitung in steinernen Kändeln ein ....“

Einige Angaben zum Bauwerk

- ca. 120 Quadratmeter überbaute Grundfläche, Fläche 10,7 x 10,7 m.
- Würfelförmiges Sockelgeschoß mit vorkragendem Wehrgang (Galerie) nach Süden zur Innenstadt.
- Ab 1865 Aufgang über die Wendeltrappe zur Galerie.
- 1. OG. Der Eingang von der Galerie zum Innern des Turmes stammt vermutlich noch aus dem 15. Jh. (lt. Dr. Schirmacher & Partner, Bad Soden).
- Durchmesser des zylindrischen Turmschaftes 10,20 m bis 10,28 m.
- Mauerdicke Nordseite 2,57 m (stadtauswärts), Südseite 1,88 m (stadteinwärts), verringert sich in den oberen Geschossen nach Norden auf 2,00 m und nach Süden auf 1,66 m.[23]
- Höhe des Turmes 48 m obere Kante Knauf, 31 m bis zum oberen Umgang (lt. Pfefferkorn).
- Gotische Keilstufentreppe mit Holznägeln aufgedollt.[24]
- Im 2. OG. zwei Ecktürmchen (Wichhäuschen) zur „niederen Beobachtung“ gedacht, Höhe 7,80 m. Jeder der beiden achteckigen Erker mit gemauertem Helm besitzt nach der nördlichen Seite, nahe über dem Fußboden, drei kreisrunde Schießlöcher von 27 cm Durchmesser.[25]
- Hauptwachraum (Kaminzimmer) mit Kamin aus roten Sandsteinen mit gemauertem Schornsteinbusen.[26]
- 3. und 4. OG. Ursprüngliche Nutzung nicht bekannt, wahrscheinlich zur Aufbewahrung verschiedener Gerätschaften.
- 5. OG. Schlafkammern.

[23] Cohausen, ebd., S. 33.
[24] Kugler: Aufzeichnungen Juli 1885, S. 5.
[25] Cohausen, A. von: AfGK 1898, S. 34.
[26] Kugler, ebd., S. 5.

– 6. OG. Wohnung des Turmwächters. – Vier Fenster sind diagonal angeordnet, wegen der weitherunterreichenden Tragsteine der oberen Türmchen. Kochstelle mit Kaminhaube.[27]

– Der Eschenheimer Turm hat insgesamt sieben Stockwerke und zwei Böden im Turmhelm.

– Helmkrone bestehend aus Haupthelm mit einer 20 Kilo schweren Wetterfahne und vier Türmchen mit zinnenbegrenztem Umgang, Zugang vom 7. OG.[28]

Eingang von der Galerie ins Innere des Turmes, Historisches Museum Frankfurt a. M.

Über die vielen hinter dem Putz liegenden Löcher im Schaft des Turmes konnten immer nur Vermutungen angestellt werden, da keinerlei Unterlagen hierzu aufzufinden sind. Architekt und Baumeister J.G. Kugler, der im Jahre 1885 den Auftrag hatte, den äußeren Eschenheimer Turm zu renovieren, mußte das Gebäude völlig neu vermessen, da ihm eine Baubeschreibung nicht zur Verfügung stand. Eine mühevolle und schwierige Aufgabe, die Baumeister Kugler dankenswerterweise vorzüglich ausführte. Bei den Arbeiten am Schaft kam er zu dem Ergebnis, daß die alten Rüstlöcher, die die Außengerüste getragen hatten, jetzt vermauert und zugeputzt werden mußten. Weiter berichtet Kugler, daß sich zwischen den Rüstlöchern eine Menge waagrecht eingemauerter Tonkrüge mit vorsichtig durchlöcherten Gefäßböden befinden, um nach seiner Meinung nützlichen Vögeln – wie Schwalben und Sperlingen – Schlupfwinkel zu verschaffen. Jedoch konnten die ca. 80 eingemauerten, auf der Töpferscheibe gefertigten Tonkrüge bisher nicht als Nistkästen nachgewiesen werden. Eine weitere, wahrscheinlichere Möglichkeit für den Einbau der Tonkrüge könnte sein, daß durch eine bessere Zirkulation der Luft die Feuchtigkeit aus dem Mauerwerk gezogen werden

[27] Kugler, ebd., S. 9.
[28] Jahrhundertputz für den Eschenheimer Turm, in: FAZ 20.3.76

sollte. Schon Reiffenstein hatte 1848 die Rüstlöcher am Eschenheimer Turm genauestens untersucht und mit Oberst A.v. Cohausen darüber diskutiert.[29] Auch Experten historischer Baukunst konnten keine stichhaltige Erklärung für den Einbau dieser Gefäße geben. Ein endgültiges Ergebnis über die „ausgebückten Öffnungen am Eschenheimer Turme", konnte bis heute nicht gefunden werden. Bei der im Februar 1990 begonnenen Renovierung hat sich der ausführende Bauleiter[30] um Klärung bemüht, konnte aber auch zu keinem abschließenden Ergebnis kommen. Es ist kaum anzunehmen, daß die eingebauten Tonkrüge nur zum musikalischen Windspiel mittels Tonpfeifen gedacht waren.

Eine besonders interessante Variante, von der üblichen Bauweise her gesehen, ist bei Betrachtung der Achse des Turmes festzustellen. Baumeister Kugler hatte in seinen Aufzeichnungen im Juli 1885 festgehalten, daß am Eschenheimer Turm die Hauptachsenrichtung nach keiner der anliegenden Straßen exakt ausgerichtet war.[31] Und Ringshausen schreibt bezüglich der Achse: „Auf der Feldseite nehmen die Fenster die Mittelachse des Turmes ein, auf der Stadtseite sind sie dagegen um 48 cm nach Osten verschoben. Diese scheinbare Unregelmäßigkeit erklärt sich wohl daraus, daß die Große Eschenheimer Gasse nicht frontal auf den Turm zuläuft. Durch die Anordnung der Fenster soll der Winkel zwischen den Richtungen des Durchganges und der Straße überbrückt werden...." Auf der Längs- und Querschnittzeichnung Otto Lindheimers (nach Carl Sömmering) und der Zeichnung Padjeras vom Eschenheimer Turm mit Vorwerk ist die Verschiebung der Achse zu erkennen. Da zu dieser Änderung bei Fortsetzung der Bauarbeiten bisher keine Unterlagen gefunden wurden, ist zu vermuten, daß der Rat der Stadt bis zum Weiterbau des Turmes im Jahre 1426 zu der Erkenntnis gekommen war, daß die Ausrichtung des Turmschaftes zwecks besserer Überwachung der Wege in nördlicher Richtung geändert werden mußte. Die vier übereinander liegenden Fenster wurden um einige Zentimeter versetzt. Der viereckige Unterbau

[29] Lohne, Hans: Frankfurt um 1850. Nach Aquarellen und Beschreibungen von Carl Theodor Reiffenstein, S. 47f.
[30] Architekt Dipl.Ing. Hans Pfefferkorn.
[31] Kugler, J. G., ebd., S. 1.

Restaurierung des Eschenheimer Turmes 1885, Foto: vermutlich C. F. Mylius

mit einem 1409 angebrachten Vortor war ja in etwa nach dem späteren Oederweg ausgerichtet, der nach Eckenheim führte.

Da, wie bereits erwähnt, aus der Bauzeit des Eschenheimer Turms keinerlei Unterlagen vorliegen, bleibt es ein Versuch, uns aus heutiger Sicht vorzustellen, welche Gründe für eine Änderung der Achse beim Weiterbau des Turmes im Jahre 1426 ausschlaggebend waren: Der Weg der Handelsreisenden aus oder nach Frankfurt, dem damaligen „Kaufhaus der Deutschen“, sollte unmittelbaren Zugang zu der nördlich an

Aufteilung der Königsgrafschaft Bornheimer Berg, Institut für Stadtgeschichte, Frankfurt a. M.

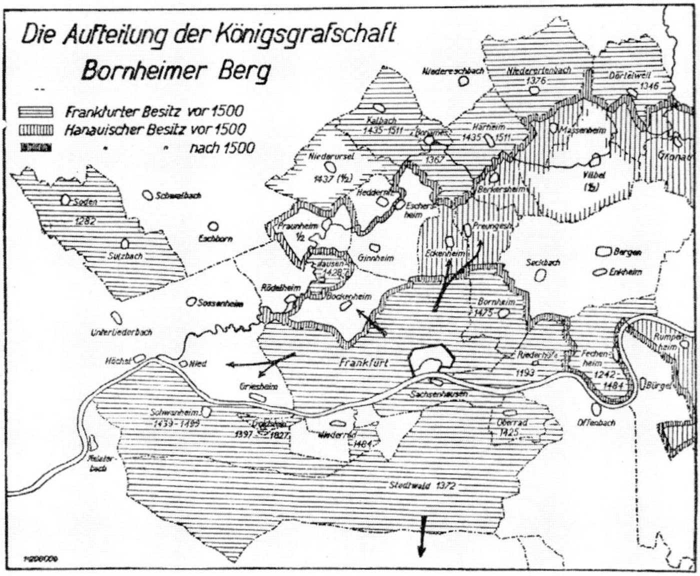

Frankfurt vorbeiführenden „Hohen Straße“ haben, hauptsächlich um weiteren Straßenzoll zu vermeiden. Aus diesem Grunde sollte wahrscheinlich das Gebiet der Grafschaft Bornheimer Berg umgangen werden, welches zeitweise durch Reichspfand den Herren von Hanau gehörte.[32] Die Karte mit Aufteilung der Königsgrafschaft Bornheimer Berg um 1500 zeigt die damalige Aufteilung des Gebietes nördlich von Frankfurt. Im 14./15. Jh. waren die grundherrschaftlichen Verhältnisse dieser Gemarkungen besonders kompliziert und dauernden Änderungen unterworfen.[33] Die „Hohe Straße“ war einer der von Köln kommenden bis nach Leipzig führenden alten eingefahrenen Handelswege, der im Norden Frankfurts durch den Diebsgrund führte. Daher wurde die Straße an dieser Stelle Diebsweg genannt, der sich teilweise auf den heutigen Marbachweg erstreckt. Wie der Name zustande kam, beschreibt Dr. Eduard Ziehen in seinem 1926 erschienenen Büchlein „Ortsnamen in und um Frankfurt“ folgendermaßen: „Der Diebs(grund)weg könnte ein alter Dietweg sein; auch der Dietmarkt in Mainz wurde unter anderem zu Diebsmarkt mißverstanden. Der Diebsgrundweg ist nach anderer Meinung der Weg im tiefen Grund, also ein Gegenstück zur ho-

Rekonstruierter Gemarkungsplan um 1500 von Eduard Pelissier, Institut für Stadtgeschichte Frankfurt a. M.

hen Straße; er würde in diesem Falle die Sprachstufe vor der hochdeutschen Lautverschiebung bewahrt haben und wäre später als Weg der Diebe mißverstanden oder umgedeutet. Die Umdeutung mag sich daraus erklären, daß in der alten Zeit Diebe aus dem reichsstädtischen Gebiet über den Diebsweg ins Kurhessische flüchten konnten, dessen Grenze von Seckbach nach Bockenheim verlief." Die von Eduard Pelissier rekonstruierte Karte „Gebiet der Reichsstadt Frankfurt am

[32] Seubert, Reiner: Eckenheim, S. 12.
[33] Lerner, Franz: Eschersheim, S. 31.

Geleitzug, Holzschnitt von Jost Amman 1585, Institut für Stadtgeschichte Frankfurt a. M.

Main“ für die Zeit um 1500 zeigt deutlich den Verlauf des Diebsweges.

Es ist gut vorstellbar, daß die zur Messe nach Frankfurt Reisenden auf den alten Handelswegen vielfache Schwierigkeiten, wie zeit- und geldraubende Zollschranken, zu überwinden hatten. Hinzu kamen Überfälle und die am Straßenrand lauernden Wegelagerer, so daß sie oft ihr Reiseziel nicht unbeschadet erreichen konnten. Die Straßen waren noch selten gepflastert und daher vom Wetter abhängig, dazu kam bei Meßzeiten der massenhafte Verkehr. Über das damalige Zoll- und Geleitwesen schreibt Ludwig Steinfeld in der „Chronik einer Straße“, 1989 erschienen: „Die Stadt Frankfurt beschwerte sich 1417 bei König Siegmund über die Zölle, die von den Herren von Hanau und anderen auferlegt wurden. Sogar für den Hafer aus dem Vogelsberg, der durch das Hanauer Land nach Frankfurt gefahren wurde, müsse neuerdings Zoll gezahlt werden, was früher nicht üblich gewesen sei… Um die Sicherheit der Reisenden zu gewähren, wurden Geleite eingerichtet (gegen Zahlung von Gebühren – A.d.V.). Der Grundherr als Geleitsherr hatte durch bewaffnete Begleiter für die Unversehrtheit zu sorgen und vor Überfällen zu schützen. Zu wichtigen Ereignissen wurde das Geleit vom Kaiser festgelegt ….“ Aus all dem ist zu erkennen, welch wichtige Funktion einem an herausragender Stelle stehenden

Wachturm zugemessen wurde. Die vorstehenden Ausführungen sollten eine Möglichkeit aufzeigen, welche Hintergründe dazu führten, beim Weiterbau des Eschenheimer Turmes eine Verschiebung der Achse vornehmen zu können, um die Sicht in eine bestimmte Richtung zu lenken.

Zurück zum Eschenheimer Turm. Der Zugang zum Inneren des Eschenheimer Turmes erfolgte anfänglich über die Stadtmauer zur Galerie. Dort befindet sich heute noch eine schwere alte Holztür mit Eisenbeschlägen, eingefaßt in einen Sandsteinrahmen. Nach Abbruch der alten Stadtmauer, der gleichzeitig mit der Schleifung der Wallanlagen um 1805 begann, wurden am Unterbau des Eschenheimer Turmes zunächst an beiden Seiten einfache Treppenhäuser bis zur Galerie angebracht, um so einen Aufgang in den Turmschaft zu erhalten. Diese beiden Flügelbauten, auf der Zeichnung von Otto Lindheimer nach Carl Sömmering dargestellt, wurden bald wieder abgerissen, da im Jahre 1863 durch Stadtbaumeister Henrich an der östlichen Seite des Turmes eine Wendeltreppe (früher eine „Schneck" genannt) aus Sandstein angebaut wurde, über die noch heute der Weg in den Turm hinauf zur Galerie führt. Wann im Torbogen die beiden seitlichen, mit einem Segmentbogen[34] geschlossenen Nischen, erstmalig durchbrochen wurden, ist nicht mehr feststellbar. Auf jeden Fall wurden später die beiden Durchbrüche vermauert, Fußboden und Wände zementiert. Wie einer Zeitungs-Anzeige im Mai 1885 zu entnehmen ist, wurden dann zwei Bedürfnishäuschen eingebaut. Baumeister J.G. Kugler vermerkt in seinem Bericht zu den Renovierungsarbeiten im Juli 1885: „Die in den früheren Seiteneingängen zur Thurmhalle neu angelegten beiden Pissoirs sind in den Aufnahmeplänen nicht eingezeichnet, weil solche doch eigentlich nicht zu dem Turm gehören".

Eine gotische Keilstufentreppe führt in die oberen Geschosse. Im Februar 1998 wurde vom Planungsbüro Tisje in Neu-Isenburg ein Holzgutachten durchgeführt mit dem Ergebnis, daß die im 4. und 7. Geschoß zur Prüfung entnommenen Teile von der Treppe und von den auf Konsolen liegenden Balken noch aus der Bauzeit stammen (Buchen- und Ei-

[34] Ringshausen, G. J., ebd., S. 48

Eschenheimer Turm 1400–1428, gezeichnet von Otto Lindheimer nach Carl Sömmerring, 1886

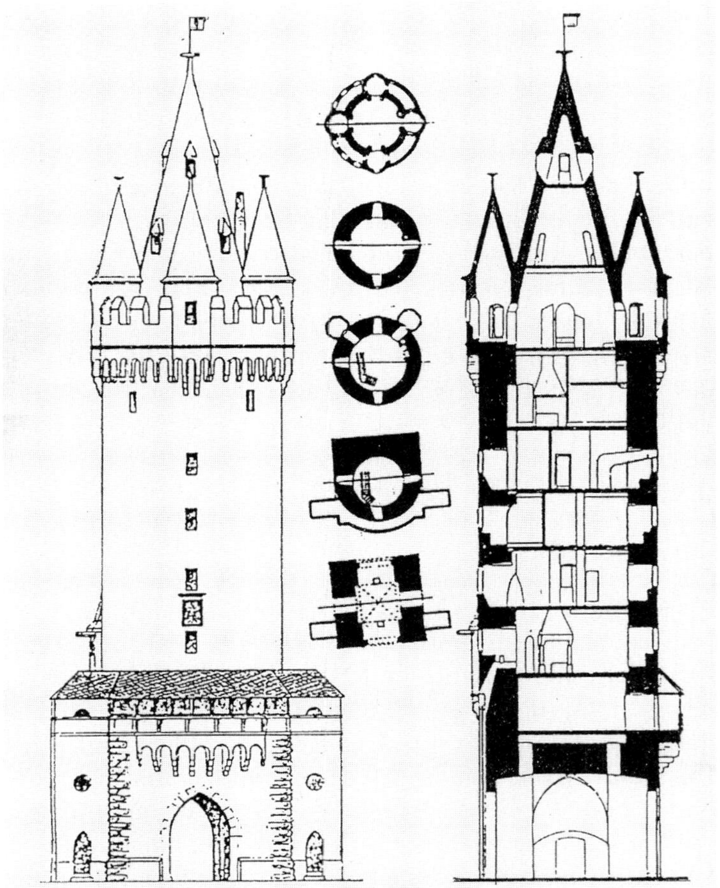

chenholz). Natürlich mußten im Laufe der Jahre kleinere Reparaturen, d.h. Auswechslung einiger Keilstufen, vorgenommen werden. Sicher gibt es nicht viele Holztreppen aus dieser Zeit. Da es im Eschenheimer Turm nie gebrannt hat, konnte diese gotische Keilstufentreppe erhalten bleiben; ein Geschenk für die Nachwelt. Im Turmschaft sind die Etagen jeweils durch eine einfache auf Konsolen aufliegende Holzdielendecke getrennt. Im 2. Obergeschoß, dem heutigen Kaminzimmer, befand sich die eigentliche Wachstube für die Sturmknechte. Hier wurde der heute noch funktionierende gotische Kamin aus rotem massivem Sandstein mit einem hohen Schornsteinbusen, auch aus rotem Sandstein, eingebaut.[35]

Die Wächter brauchten eine Wärmequelle und die Möglichkeit, sich ein warmes Getränk zu brauen. Was sie sich kochten, ist nicht festgehalten, aber sicher war es eine Frankfurter „dick Supp von Erbse, Linse und Bohne“, die im Kamin über der offenen Feuerstelle in einem Kupferkessel mit drei Füßen brutzelte. Aber der Kamin hatte noch eine weitere Funktion zu erfüllen, und zwar Öl und Pech zu sieden, um es bei Bedarf (Belagerung etc.) auf die Anstürmenden herabzugießen. Wenn erforderlich, konnte vom Wachraum aus ein an der Außenwand des Turmes hängendes hölzernes Fallgitter heruntergelassen werden. Dieses Fallgitter war ein weiterer Schutz für das nach innen aufgehende Tor im Durchgang. Baumeister Kugler hat in seinen Aufzeichnungen beschrieben, wie das Herablassen des schweren Gitters ohne die uns heute zur Verfügung stehenden technischen Hilfsmittel funktionierte: „In der nördlichen Fensternische befinden sich rechts und links in die Laibungen eingemauert, die zwei steinernen Lager für die Walze, über welche das Seil zum Auf- und Niederlassen des Fallgitters lief.“ Als Turmbekrönung wählte Madern Gerthener die bald nach Fertigstellung sprichwörtlich gewordenen „fünf Spitzen die doch nicht stechen“, bestehend aus Helm mit Wetterfahne, vier Erkern, jeweils verbunden durch einen mit Zinnen begrenzenden Wehrgang. Im ausgehenden Mittelalter waren in unserer Gegend solche mit Erkern gezierte Turmspitzen sehr beliebt. Es ist anzunehmen, daß Madern Gerthener auch den bereits 1347 in Friedberg erbauten Adolfsturm, genannt nach Adolf von Nassau, kannte, der daher als mittelbares Vorbild für den Eschenheimer Turm angesehen werden kann.[36] Wann die neun Löcher in die Wetterfahne des Turmes gekommen sind, bleibt Legende. Friedrich Bothe, der die Geschichte Frankfurts beschrieben hat, meint dazu, es könnte sich bei einem Schützenfest um 1550 ereignet haben. Hans Winkelsee, Meister der Büchse, konnte den Einstand für die Schützengesellschaft nicht zahlen, weshalb er aus Wut darüber vor den Toren der Stadt auf die Pirsch ging, wobei er dann erwischt wurde. Sein junges Leben rettete er

[35] Kugler, J. G., ebd., S. 5f.
[36] Ein Fundament aus Lösegeld, in: FR 10.9.98.

Keilstufentreppe aus der Bauzeit (1426–1428)
Foto: Gerda Hartling

durch die neun Schüsse in die Wetterfahne. Es ist eine schöne zur Legende gewordene Geschichte, aber nicht belegbar.

Cohausen schreibt über die Fertigstellung des gesamten Bauwerkes: „Von seiner Hand (Madern Gertheners) sind die beiden Wappenadler, die wir an der Innern und an der Äußern Seite des Turmes sehen; er erhielt dafür 1426 am Tag vor Palmsonntag 8 Pfund Heller und 8 Schillinge, während ‚Meister Endres, Polier' für minder kunstvolle Arbeit im Tagelohn

5 Schillinge empfing. Die Adler wurden gemalt und dafür 7 Pfund 16 Schillinge, für Gold dazu noch besonders 6 Pfund 12 Schillinge ausgegeben. Man beschäftigte täglich 5 bis 10 Steinmetzen und Maurer und 2 Pferde mit einem Knecht zum Aufziehen der Baumaterialien mittels Seil und Rolle. Einem armen Gesellen Freyermund, der vom Gerüst gefallen war, gab der Rat ‚solange ihm gelüste' wöchentlich 4 Schilling. Mit Ende des Jahres 1427 war der Bau so weit fertig, daß er beworfen werden konnte, seine Helme schon Steinknäufe und Fähnchen hatten, und daß der Maler um Pauli Bekehrung (25. Januar) 1428 4 Pfund 16 Schillinge erhielt, um diese Fahnen und die Kragen der Knäufe auf den 4 oberen Erkern rot zu malen, den des Haupthelms aber zu vergolden, und zwar wurden dazu für 10 Pfund 16 Schilling Gold verbraucht und dem Malerknecht auch 12 Heller geschenkt. Auch die beiden unteren Erker erhielten statt der Schieferdächer nunmehr, wie die obern, gemauerte Helme und Steinknäufe, welche letztere ebenfalls rot gemalt wurden. So schaute der Turm trotzig und fröhlich ins Land als man Samstag Abend vor Pfingsten 1428 den Maurern ihr Bade- und Schlüsselgeld gab." Da die Schlüsselübernahme jeweils durch den Bürgermeister erfolgte, ist es interessant festzuhalten, wer bei Fertigstellung des Turmes dieses Amt inne hatte. Einer Aufstellung von dem Historiker und Archivar, Prof. Dr. Gg. Ludwig Kriegk, ist zu entnehmen, daß bis September des Jahres 1428 ein Johann von Holzhausen regierender und Sifried Burggraue der jüngere Bürgermeister war.

Es sind nur spärliche Nachrichten über die Vorgänge im Eschenheimer Turm vorhanden. Sicherlich konnten die wenigsten der Sturmknechte und Wächter lesen oder schreiben, und über den kärglichen Alltag zu berichten, war in alten Zeiten kein Thema, warum auch! Beim Studium alter Protokolle der Stadt ist einer unserer Stadthistoriker darauf gestoßen, daß es „Peter den Tagwächter auf dem Eschenheimer Turm" gegeben hat.[37] Bei Besichtigung der Küche im 6. OG. können sich die heutigen Besucher gut vorstellen, wie er am Kamin auf der Platte sein Essen zubereitete. Wenn er dabei aus einem

[37] Battonn, J. G.: Oertl. Beschreibung der Stadt Frankfurt a. M., Erstes Heft 1861, S. 114.

der Fenster schaute, hat Peter die Stadt und gleichzeitig die Ebene bis hin zum Taunus, damals ja noch „die Höhe“ genannt, überblickt. Schließlich war es seine Aufgabe, von dieser hohen Warte aus alles zu überwachen. Nach der Stadt mußte ständig wegen Feuergefahr Ausschau gehalten werden, denn es gab zu seiner Zeit noch wenig Steinhäuser, aber viel Fachwerk (Wohnhäuser) mit offenen Feuerstellen. Nach Norden hatte er zu beobachten, wer oder was sich in der Gegend bewegte. Auch die Feldarbeiter und Hirten mußten gewarnt werden, damit sie sich schnellstens zurückziehen konnten. Gleichzeitig mußte der Wächter mittels der Feuerglocke im 7. OG. Signal geben. Wie aus den Aufzeichnungen Cohausens hervorgeht, wurde im Jahre 1464 eine Schlaguhr (Glocke) aufgestellt, die gleichzeitig als Feuerglocke benutzt wurde. Es ist die früheste feststellbare Erwähnung. Vermutlich gab es vorher schon eine Feuerglocke.

Bereits im Jahre 1409 hatte der viereckige Unterbau des Eschenheimer Tores zwei bei Bedarf zu schließende Holz-Tore, und zur Feldseite hin ein zusätzliches Fallgitter erhalten, dessen Rinnen am äußeren Tor heute noch zu sehen sind. Wie bereits erwähnt, wurde jenseits des „nassen Grabens“ zusätzlich ein Vortor angebracht. Dieses Vortor wurde bald nach Fertigstellung des Turmes zu einem richtigen Verteidigungswerk ausgebaut. Wie es ausgesehen haben muß, ist sehr schön in der rekonstruierten Zeichnung von Emil Padjera dargestellt. In alten Zeiten war es üblich, Ein- und Ausgangstore mit religiösem Bildschmuck zu versehen, um den hindurchschreitenden Personen die Möglichkeit zu geben, vor diesem Bildschmuck um Schutz zu bitten, und zwar für den Aufenthalt außerhalb der Stadt und wieder beim Betreten derselben.

Auch am Durchgang des Eschenheimer Tores waren solche Bilder angebracht, wie uns der Frankfurter Maler und Grafiker Karl Theodor Reiffenstein in einem Aufsatz im Juni 1848 schildert: „Über dem Torbogen des Turmes linker Hand wenn man hereinkommt, befindet sich über der Blende ein altes Freskobild, wie es scheint, ein Christus am Kreuz mit Nebenfiguren. Ich erinnere mich noch, daß dieses Bild ziemlich deutlich war und nur arg mit Staub überzogen für das Auge doch erkennbar blieb, in den neueren Jahren aber hat es sehr gelitten und sind nur mit Mühe noch einzelne Spuren davon

Blick von Norden auf den Turm mit Carls-Tor, um 1800

zu erkennen. Herr Schöffe Gwinner, welchen ich hinführte, vermochte es nicht zu sehen; während Inspektor Passavant sich sogleich zurechtgefunden hatte. Sehen und richtig sehen will eben auch gelernt sein. Zuerst entdeckte ich es im Juni 1843 und vermochte einen Korporal von unserem Linienmilitär, welches damals noch eine Wache an dem äußeren Thore bezog, mit einem langen Spinnenbesen, den wir damals von dem Thorschreiber entlehnten, es abzustauben; worauf es ziemlich deutlich zum Vorschein kam. Mit einiger Sorgfalt hätte es erhalten werden können, allein der Sinn für derartiges war damals noch nicht wach, und so ging es allmählich zugrunde. Weiter sind an dem Turme die kleinen, runden, mit Tonröhren ausgefüllten Öffnungen, welche an der Wetterseite namentlich sehr sichtbar sind, einer näheren Untersuchung zu unterwerfen, mir sind sie bis jetzt unerklärlich."

Eine weitere köstliche Episode ist uns durch Reiffensteins Aufzeichnungen im Jahre 1864 erhalten, und zwar die Begegnung mit dem General Kriegk von Hochfelden, wobei er ihm (Reiffenstein) „...ein Langes und Breites über den Turm erzählte und mir sagte, daß er eine genaue Beschreibung desselben eben vollendet habe, die demnächst in Druck erscheinen sollte. Im weiteren Verlauf des Gespräches aber ergab sich, daß er noch nicht einmal wußte, daß der Turm im Innern kein Gewölbe habe, sondern die Stockwerke nur durch flache

Balkendecken voneinander getrennt seien, was den gelehrten Herrn sehr in Erstaunen setzte. Er war noch garnicht einmal darinnen gewesen, wie er mir nachher ehrlich gestand...." Die Broschüre ist dann wohl doch nicht gedruckt worden, zumindest sind keine weiteren Unterlagen darüber zu finden.

Es muß immer wieder erwähnt werden, daß keine schriftlichen Aufzeichnungen aus der Bauzeit des Eschenheimer Turmes vorhanden sind. Nur er selbst kann für sich Zeugnis abgeben. Nach seiner Fertigstellung wurde die architektonisch ausgewogene Schönheit des Bauwerkes sichtbar. Man muß bedenken, daß dieser im Mittelpunkt der Stadtmauer errichtete Turm damals eine ganz andere Dimension hatte wie heute. Die Stadt ging nur bis zur Stadtmauer, dahinter war weites Feld. Reisende, die vom Norden her die Stadt betreten haben, mußten die Besonderheit des Turmes erkennen. Er bezeugte von Anfang seiner Fertigstellung Macht und Größe der damals Freien Reichsstadt.

Legenden und Anekdoten

Am Eschemer Torm is Wand un Dor
Mit Efeu iwwerzoge,
Un in de Fern da kimmt's aam vor
Als wie en Ehrenboge:
Deß strebt enuff, als wollt's zur Spitz
Mit seine grinste Sprosse,
Dann's hat da aanst der beste Schitz
En Maasterschuß geschosse.

Friedrich Stoltze

Er stand stolz und schön, damals wie heute eine Zierde unserer Stadt, und das seit bald 600 Jahren. So ein altes Bauwerk hat seinen Lebenslauf, dessen Spuren an den Mauern abzulesen sind. Wenn seine Steine erzählen könnten, käme eine Vielfalt von kulturgeschichtlichem Geschehen, aber auch Interessantes aus dem Alltag der Frankfurter zusammen. Die Geschichte des Eschenheimer Turmes beginnt eigentlich schon, bevor er gebaut wurde. An dieser besonders kritischen Stelle im Norden der Stadt, wo es immer wieder Händel mit den sogenannten „Überhöhischen" gab, sollte eine starke Wache den Schutz übernehmen. Von Anfang an hatte der Eschenheimer Turm zwei wichtige Funktionen zu erfüllen, und zwar als Wehrturm und als Wachturm. Nach der Fertigstellung des Turmes im Jahre 1428 waren die „Sturmknechte" eingezogen. Sie hatten die Aufgabe, Frankfurt vom Norden her zu überwachen und zu schützen. Gleichzeitig mußten sie die Stadt bei Tag und Nacht wegen Feuergefahr beobachten und im Notfall mit einem Horn Signal geben, was damals bei der Enge der Städte, mit den meist aus Holz gebauten Häusern, zum Schutz der Bürger eine bedeutende Rolle gespielt hat. Vom zentral gelegenen Eschenheimer Turm aus, dem zugleich höchsten der Wachtürme, konnte die Stadt sowie die davor liegende Ebene gut überblickt werden. Wir können heute nur erahnen, wie notwendig das für die Sicherheit der Menschen war.

Schon bald nach seiner Fertigstellung wurde der Eschenheimer Turm auch außerhalb Frankfurts beachtet und bewundert. Bereits im Jahre 1439 schickte der Herr von Eppstein aus dem damaligen Kurmainzischen Steinheim bei Hanau einen

Flatow Turm im Schloßpark Babelsberg (Potsdam), Foto: Sandra Seubert

Gutachter nach Frankfurt, der beauftragt war, sich den Eschenheimer Turm genauestens anzusehen. Noch heute ist zu erkennen, daß der Steinheimer Turm in Frankfurt sein Vorbild hatte. Eine weitere Nachbildung steht im Park von Schloß Babelsberg in Potsdam, der Flatow-Turm. Die „Didaskalia", Beiblatt des Frankfurter Journals vom 16./17.8.1890, berichtet, wie es dazu kam: „Kaiser Wilhelm I., dem bei seiner Anwesenheit in Frankfurt, noch als Prinz von Preußen, der Turm so wohl gefiel, hat sich genau danach, nur in etwas kleinerer Dimension, einen Turm im Park von Babelsberg erbauen lassen." Allerdings hat die Spitze des Turmes keine Wetterfahne, sondern wird von einem goldenen Preußenadler gekrönt.

Eine der Hauptaufgaben des Wächters war, vom Eschenheimer Turm aus die Gegend zu beobachten, um sofort mittels Feuerglocke oder Horn Signal zu geben, wenn eine Feuergefahr drohte. Es gab ja noch keine Feuerwehren, wie wir sie heute kennen. Eine vom Rat der Stadt genau vorgeschriebene Feuer-Ordnung regelte den Einsatz bei Feuergefahr. Die Zünfte waren für Verteilung und Einhaltung der Aufgaben zuständig. In der 1706 gedruckten „Cronica Frankfurt am Main" berichtet August Lersner, daß lt. Feuer-Ordnung bei Ausbruch eines Brandes „... ein Bäcker an die Eschenheimer Pfort ..." zu beordern war. Dieser von der Zunft benannte Mann hatte dafür zu sorgen, daß die für das Löschen des Feuers notwendigen Ledereimer am Brandort zur Verfügung standen, denn der Transport von Wasser mittels Schlauch war in alter Zeit noch nicht möglich. Nach Beendigung des Brandes mußten die Ledereimer wieder an den Sammelstellen abgegeben werden. Nachlässigkeiten hierbei wurden streng bestraft. Die Einhaltung der Feuer-Ordnung war für alle Bürger der Stadt zum Schutz vor den Brandgefahren notwendig. Hier sei an die immer wieder auftretenden schrecklichen Großbrände in Frankfurt in den Jahren 1711, 1719 sowie den Domturmbrand im Jahre 1867 erinnert. Vielleicht war die Zuständigkeit der Bäcker am Eschenheimer Turm dadurch entstanden, daß, wie in „Der örtlichen Beschreibung der Stadt Frankfurt a. M." durch Johann Gg. Battonn festgehalten, „lt. Stadt Rechenbuch im Jahre 1501 und dann 1547 immer noch die Mehlwage an der Eschersheimer Pforten steht." Er vermutet, daß an dieser Stelle ein von Müllern betriebener Mehl- und Fruchtmarkt gewesen sei. Und A. Askenasy berichtet in seinem „Frankfurter Wörterbuch" von 1904, daß am Eschenheimer Turm „...täglich Weckbasen (frische Brötchen) verkauft wurden ...."

Wie bereits dargestellt, wurde die Aufstellung einer Glocke/Schlaguhr mit Hammer und Zug im südlichen Türmchen am Zinnenumgang erstmals im Jahre 1464 erwähnt. Diese Glocke/Schlaguhr mußte durch den Turmwäch-

Eschenheimer Turm um 1896 mit Innenräumen, „Kleine Presse" 1896

ter bedient werden. Ein Glockenstrang führte vom Türmchen in die vom Wächter benutzte Wohnküche im 6. OG. „Hierher (Küche) führt auch der Glockenstrang, mit welchem der Turmwächter oder dessen auf genaueste Zeitangabe peinlich besorgte Ehegattin die Glocke zum Stundenschlag ermuntert."[38] Die Wohnküche war der gemütlichste Raum im Eschenheimer Turm. Hier befand sich ein großer Herd mit Mantelrauchfang, welcher heute noch vorhanden ist. Leider ist dieser Raum mit der wunderschönen Aussicht aus verschiedenen Gründen (Vorschriften des Brandschutzes etc. – A.d.V.) heute nicht mehr benutzbar. Weiter wird berichtet, daß diese Feuerglocke und Schlaguhr im Jahre 1584 durch Blitzschlag herabgeworfen wurde, sie ist wohl wieder repariert und aufgehängt worden. Lt. Cohausen wurde die Glocke im Jahre 1867 erneuert. Zu dieser Zeit muß sie immer noch als Schlaguhr genutzt worden sein, denn in einer Einzelnummer der *Deutschen Latern* berichtet ein Anonymus aus der Vogelperspektive Alltägliches aus der Frankfurter Innenstadt. Er beginnt: „Die Glocke des Eschenheimer Turmes schlug 6 Uhr. Aus seinem epheuumsponnenen Nest flog ein Buchfink auf und setzte sich, ein Morgenlied schmetternd, auf die Wetterfahne." Also, die Glocke wurde wohl noch geschlagen, bis wann, ist nicht genau feststellbar. In einem Zeitungsbericht wird erwähnt, daß sie 1908 verstummt sei. Die einfache Holzvorrichtung für die Schlaguhr wurde erst bei der letzten Renovierung 1992 entfernt. Aber die Glocke hängt immer noch und schlägt wieder, jetzt sogar die halbe und volle Stunde. Das Schlagen erfolgt nun voll automatisiert.

Wie es zu so einem bejahrten Gemäuer paßt, gibt es zum Eschenheimer Turm drei Sagen, mal mehr, mal weniger romantisch ausgeschmückt. Sie sind uns in alten Sagenbüchern überliefert. Jedenfalls hat Ludwig Bechstein die Sage von dem Neuner in der Wetterfahne in den „Deutschen Sagenschatz" aufgenommen, schließlich ist eine Wetterfahne mit Schußlöchern doch einmalig. An erster Stelle der Sagen zum Eschenheimer Turm steht natürlich die Geschichte vom *Wilddieb Hans Winkelsee*, der die Neun in die Wetterfahne geschossen haben soll, um dadurch seine Freiheit zu erlangen. Neun Tage und neun Nächte war er in der Turmspitze eingeschlossen und mußte das ständige Knarren der Wetterfahne hören. Das ertrug er nicht, zumal er auch noch um sein junges Leben bangen mußte, denn einem Wilddieb wurde in alten Zeiten kurzer Prozeß gemacht, er wurde nach Vorschrift der geltenden „hochnotpeinlichen Halsgerichts-Ordnung" aufgehängt.

[38] Die Frankfurter „Kleine Presse" widmete am 16. Oktober 1896 (Kaufpreis: 5 Pfennig) die gesamte Titelseite dem Eschenheimer Turm, mit 8 Zeichnungen im Äußeren und Inneren des Turmes; nach der Natur gezeichnet von Hermann Roth.

Eschenheimer Turm vor 1914 mit Verkaufsstand, Historisches Museum Frankfurt a. M.

Der Hans war inzwischen so in Wut geraten, daß er nur noch einen Wunsch hatte, mit seiner Flinte für jede im Turm verbrachte Nacht ein Loch in die Wetterfahne zu schießen. Vielleicht erhoffte er auch dadurch seine Freiheit wieder zu erlangen. Es gibt verschiedene Varianten über den Ausgang, mit und ohne Liebesgeschichte. In der reizvolleren Version hatte der Wächter ein schönes Töchterlein im entsprechenden Alter, welches sich natürlich in den hübschen Hans verliebte. Sie soll in der Nacht vor dem Schießen die Wetterfahne eingekeilt haben. In der Praxis ist das schwer vorstellbar, wenn man oben im Turm auf dem Zinnenumgang steht und über sich den Turmhelm mit der oben draufgesetzten Wetterfahne sieht. Nun, den positiven Ausgang dieser schönen Legende kennen alle, die in Frankfurt zur Schule gegangen sind. Unser Frankfurter Historiker Friedrich Bothe hat für dieses Ereignis folgende Erklärung: Die Geschichte könnte sich bei einem Schützenfest um 1550 zugetragen haben. Da der Hans den Einstand zum Preisschießen nicht zahlen konnte, wollte er sich wenigstens ein Stück Fleisch erjagen. Ein alter Feldhüter habe ihn beim Erlegen eines Hasen erwischt. So kam der Hans als Gefangener in den Turm. Hierüber sind allerdings keine Unterlagen zu finden. Der fiktive Nachname des Wilddiebes „Winkelsee" wird erstmals Anfang des 19. Jahrhunderts, fast gleichzeitig von Ludwig Bechstein und in einem Gedicht (s. Anhang) des Bonner Prof. Karl Simrock, Lyriker und Übersetzer, erwähnt.[39]

Selbstporträt Madern Gertheners im Scheitel des südlichen Torbogens

Weiterhin gibt es einen Hinweis bei Karl Wehrhahn durch die *Sage vom uralten Efeu* mit seiner symbolischen Kraft. Es heißt: „... damit sich die Sage erfüllen kann, soll nicht eher ein Stein vom Turm hinweggenommen werden, als bis der Efeu an seinen Füßen sich zur Wetterfahne emporgerankt haben wird, in den vordem Winkelsee den prächtigen Neuner schoß." Mehr darüber ist an dieser Stelle leider nicht zu erfahren. Die dritte Sage handelt vom *Steinernen Kopf* in der Spitze des Torbogens. Dieser Kopf mit der Sackmütze soll eines Tages über Nacht an dieser Stelle gewesen sein, wo er heute noch zu sehen ist. Teufelswerk? Nein, dieser Turm ist festgemauert. Inzwischen ist man nach sorgfältigen Studien überzeugt, daß sich hier der damalige Stadtbaumeister, Madern Gerthener, Erbauer des Eschenheimer Turmes und Meister in der Bearbeitung des Sandsteines, selbst verewigt hat. Im Jahre 1909 hat ein Lehrer der Frankfurter Elisabethenschule, Eduard Jos. Müller, sogar ein kleines, der damaligen Zeit entsprechendes Theaterstück geschrieben: „Hans Winkelsee", Schauspiel mit Gesang und Tanzreigen in 4 Akten, nach einer Altfrankfurter Sage. In diesem Stück wird Hans Winkelsee zum Sohn eines einst in der Fremde verbannten Grafen. Es gibt auch viele Geschichten und Gedichte, in denen der Turm mit seiner Wetterfahne eine Rolle spielt. Sehr bekannt ist die

[39] Leweke, Wendelin: Geschichten am Rand der Geschichte, S. 82.

große Rätselfrage, die man in alten Zeiten gern den wandernden Handwerksburschen stellte: „Was ist das Wahrzeichen vom Eschenheimer Turm?“ Die Antwort mußte lauten: „Er hat fünf Spitzen und sticht doch nicht!“

Die 22tägige Belagerung Frankfurts im Jahre 1552 durch das Heer des Schmalkaldischen Bundes hat der Eschenheimer Turm gut, d.h. ohne Schaden, überstanden, da die abgefeuerten Kugeln über den Turm hinweggeflogen sind. Wie es am Eschenheimer Turm und um die Stadt herum ausgesehen hat, ist aus dem Belagerungsplan von 1552, den Conrad Faber gezeichnet hat, zu erkennen. U.a. ist auf diesem Plan direkt neben dem Eschenheimer Turm ein Sammelplatz der Bürgerwehr eingezeichnet. Später, im Dreißigjährigen Krieg (1618–1648), kam der Schwedenkönig Gustav Adolf von der Sachsenhäuser Seite, d.h. vom Süden der Stadt, nach Frankfurt. So mußte der Eschenheimer Turm nie seinen Wert als Stützpunkt zur Verteidigung Frankfurts von Norden her beweisen.

Bevor die Bastionen um Frankfurt gebaut wurden, hatte der Rat der Stadt im Jahre 1409 vor dem bereits seit neun Jahren bestehenden Unterbau des Turmes (Tordurchfahrt) ein Vortor erstellen lassen, das später wieder entfernt wurde, nachdem es nicht mehr zur Verteidigung geeignet war. Was an jener Stelle weiter geschah, beschreibt Cohausen: „Im Jahr 1628 wurde vor dem Eschenheimer Thor die Wallcurtine mit einem niedern Thor angelegt und durch eine hölzerne Brücke und Zugbrücke über den Graben mit einem großen Waffenplatz im gedeckten Weg verbunden ....“ Diese vorgesetzte Toranlage, die in dem Plan von Merian zu sehen ist, blieb, von kleinen Änderungen abgesehen, fast 200 Jahre bestehen.

Die Entfestigung der Bastionen um Frankfurt begann bereits um 1705. Nachdem der „nasse Graben“ um die Stadt im Laufe der Jahre teilweise verschwunden war, wurden auf die zugeschütteten Flächen an den Aus- und Eingangstoren der Stadt militärisch besetzte Wachstationen gebaut, so auch am Eschenheimer Turm. Reste dieses „nassen Grabens“ sind bis heute noch erhalten; der Rechneigraben und der Bethmannweiher. Nach dem abschließenden Umbau der gesamten Anlage im Jahre 1807, wobei die Wälle geschleift und die Stadtmauer abgebrochen wurde, wurde vor dem zugeschütteten

Eschenheimer Turm am Carlstor um 1845, Stich nach J. F. Dielmann, Museumsgesellschaft Kronberg e. V.

Graben ein neues Außentor gebaut, das erst 1864 wieder verschwand. Dieses klassizistische Tor wurde nach dem damals Frankfurt regierenden Fürstprimas Carl von Dalberg benannt. Ihm zu Ehren wurde sichtbar über dem Eingangstor ein vergoldetes „C“ mit dem Fürstenhut angebracht, dies jedoch nur für kurze Zeit. Nach Beendigung der Regierungszeit Dalbergs in Frankfurt beschloß der Senat am 3. Mai 1814, das Tor nach Kaiser Franz II. von Österreich zu benennen. Wegen politischer Bedenken wurde dieser Plan nicht ausgeführt.[40] In einer nachträglichen Bestandsaufnahme über die „Entfestigung des XIX. Jahrhunderts“ wurde berichtet: „Dem fürstlichen Landes-Direktorialrath Jakob Guiollett gebührt das Verdienst, diese Arbeit in seine kräftige Hand genommen und glücklich durchgeführt zu haben; die Nachwelt hat ihm auch den Ruhm zuerkannt, die Verwandlung der Festungswerke in öffentliche Promenaden durchgesetzt zu haben...." Gleichzeitig wurde aber auch vermerkt: „Es kann nicht genug bedauert werden, daß man damals in aller Eile nur daran dachte, der Stadt Licht und Luft zu verschaffen und fast Alles von der alten Befestigung entfernte: Mauern, Thürme, Thore und Gräben. Dieser Vorwurf gilt in erster Linie dem Leiter der Demolition, Guiollett, der, von auswärts berufen, die alten Mauern, Thürme und Warten ohne Verständniss für ihre Poesie und ihren Kunstwerth lediglich als Hemmnisse für die Entwicklung der Stadt betrachtete, die nicht rasch genug entfernt werden könnten. Man hätte interessante Theile derselben erhalten können, welche in der heutigen Anlage nicht hinderlich sein, den landschaftlichen Reiz aber bedeutend erhöhen würden ...." Wie es an dem mitten in der Stadtmauer stehenden Eschenheimer Turm auf der südlichen Seite ausgesehen hat, ist sehr anschaulich von Carl Theodor Reiffenstein in einem Aquarell nach einer alten Zeichnung aus dem Jahre 1790 dargestellt. Nach Abriß des vorgebauten Tores im Jahre 1864 im Rahmen der Stadterweiterung blieb der Zugang zur Stadt am Eschenheimer Turm weiterhin bewacht.[41] Ein Bild im Hist. Museum von Jakob Fürchtegott Dielmann zeigt deutlich, wie Soldaten des Frankfurter Bürgermilitärs in ihren schmucken Uniformen vor dem Eschenheimer Tor Dienst tun. Das war natürlich ein weiterer Anziehungspunkt, besonders für die Jugend.

Bleiben wir noch beim Ein- und Ausgangstor des Eschenheimer Turmes. Diese Tore waren in alten Zeiten eine wichtige Kommunikationsstelle und zugleich ein interessanter Treffpunkt. Die Bewohner konnten erfahren, was draußen in der Welt passierte, und die Ankommenden konnten sich über Ereignisse innerhalb der Stadt informieren. Es belebt unsere Vorstellungskraft, Namen aus vergangener Zeit von bekannten Frankfurtern zu hören, die das Tor des Turmes wahr-

[40] Die Baudenkmäler in Frankfurt am Main, zweiter Band: Weltliche Bauten, (Hrsg. Mit Unterstützung der Stadt und der Administration des Dr. Johann Friedrich Böhmer'schen Nachlasses, 1898), S. 120.

[41] Lohne, Hans: Frankfurt um1850, S. 373f.

scheinlich des öfteren durchquert haben: Die Holzhausens, um zu ihrer Oede zu gelangen, Mathäus Merian, um seine Aufzeichnungen für den großen Merian-Plan von 1628 zu machen, seine Tochter Maria Sybilla, um Raupen und Schmetterlinge für ihre Studien zu finden. Natürlich auch Johann Wolfgang Goethe, wenn er in jungen Jahren mit seiner Schwester Cornelia zum Vater in den zwischen Eschenheimer Tor und Friedberger Tor liegenden Garten ging. Und aus „Dichtung und Wahrheit" wissen wir, daß dem „Wölfchen" an der Slimmen Mauer (heute Stiftstraße) an einem Sonntag die Idee für ein Märchen, welches er dann „Zum neuen Paris" nannte, gekommen ist.[42] Auch ein berühmter Nachbar des Eschenheimer Turmes, Joh. Christian Senckenberg, der Frankfurt großartige Stiftungen mit nachhaltiger Wirkung hinterließ, hat bestimmt in seinem eigenwilligen Zickzackgang den Torbogen durchquert. Sein Gang muß beeindruckend gewesen sein, denn Goethe, der ein Zeitgenosse von Senckenberg war, hat in seinem autobiographischen Werk darüber berichtet: „... man sah ihn nie anders auf der Straße als in Schuhen und Strümpfen und einer wohlgepuderten Lockenperücke, den Hut unterm Arm. Er ging schnell, doch mit einem seltsamen Schwanken vor sich hin, so daß er bald auf dieser, bald auf jener Seite der Straße sich befand und im Gehen einen Zickzack bildete. Spottvögel sagten, er suche durch diesen abweichenden Schritt den abgeschiedenen Seelen aus dem Wege zu gehen, die ihn in gerader Linie wohl verfolgen möchten, und ahme diejenigen nach, die sich vor einem Krokodil fürchteten."

Bürgermeisterbote Henchin Hanauwe, Institut für Stadtgeschichte Frankfurt a. M.

Viele der uns namentlich noch bekannten Frankfurter sind durch den Torbogen am Eschenheimer Turm gegangen. Als Heinrich Hoffmann, Vater des „Struwwelpeter", noch ein kleiner Junge war, ging er gern mit seiner Großmutter durch das Eschenheimer Tor zu ihrem Garten im Oederweg. Wie er in seinen „Lebenserinnerungen" erzählt, gab es dort frisches, allerdings saures Obst, aber auch das mitgenommene Vieruhrbrot war für ihn ein Genuß. Auch Liesel Christ, das „Frankfurter Mädche" par excellence, hat der Autorin einmal erzählt, daß sie viele Jahre ihr täglicher Fußweg zum Volkstheater be-

[42] Goethe, Johann Wolfgang: Band 1, viertes Buch, S. 60, 89, 175.

wußt und mit Freude durch den Torbogen des Eschenheimer Turmes geführt hat. Das war für sie mit ein Grund, alle Aktivitäten zur Wiederbelebung des alten Wach- und Wehrturmes zu unterstützen. Erwähnenswert ist auch, daß uns durch das Botenbuch von 1439 aus jener Zeit wenigstens der Name eines Frankfurter Bürgermeisterboten bekannt ist, nämlich Henchin Hanauwe. Diese Boten in ihrer eigenartigen Kleidung waren vereidigt und daher verpflichtet, die Botschaften des Rates der Stadt bei Tag und Nacht, egal wohin, zu überbringen. Mit der anhängenden Briefkapsel, dem Frankfurter Wappen auf der Brust, und dem langen Spieß zum Springen über Stock und Stein waren diese Boten besonders gekennzeichnet. Ob es beim Ein- und Ausgang am Eschenheimer Tor wenigstens zu einem kurzen Wortwechsel zwischen Henchin und Peter, dem Tagwächter, kam, ist nicht bekannt, aber durchaus vorstellbar.[43] Jeder hier genannten Person war der Turm vertraut. An dieser Stelle herrschte tagsüber ein ständiges Leben und Treiben. Schon daher hatte der Durchgang eine besondere Anziehungskraft. Hier war eine Nahtstelle von Drinnen nach Draußen. Es muß etwas düster im Torbogen gewesen sein und die verstaubten Fresken machten das alles nicht heller. Otto Ph. Donner-von Richter [44] hat überliefert, wie es seiner Zeit im Torbogen ausgesehen hat: „... Ich erinnere mich selbst noch unter dem Eschenheimer Thurme in den beiden kleineren Durchgangsbogen rechts und links die letzten Spuren von Wandmalereien, Heilige darstellend, gesehen zu haben." Ausdrucksvoll erzählt Friedrich Bothe in seinem Buch „Brauch und Sitte im alten Frankfurt", wie man auszog, um ein Schützenfest vor dem Eschenheimer Turm zu feiern: „Als 1707 ein Hauptschießen vor dem Eschenheimer Tor abgehalten wurde, zog man mit klingendem Spiel und fliegenden Fahnen durch die ganze Stadt. Voran schritten paarweise 102 ‚liebliche, schöne, mit Degen bewaffnete Knaben in weißen Hemden und farbigen, verbordierten Hosen geschmückt mit grünen Kränzen und Bändern;' einige trugen auf gedrechselten Stäben die Gaben, silberne Becher, andere

[43] Frankfurt Chronik, Hrsg. Kramer, Waldemar: S. 68.

[44] Otto Ph. Donner-von Richter, Maler und Kunsthistoriker, geb. 10.5.1828 in Frankfurt am Main, gest. 13.11.1911 in Frankfurt am Main.

Fahnen."[45] Dabei mußte der Festzug durch das enge Tor des Turmes, es gab ja keinen anderen Weg, um zum Festplatz vor der Stadtmauer zu gelangen.

Da Frankfurt nach Fertigstellung der Befestigungsanlagen als Festung galt, mußten abends bei hereinbrechender Dämmerung die Tore geschlossen und die Schlüssel dann jeweils zum jüngeren Bürgermeister zur Verwahrung über Nacht gebracht werden. Ab dem 24. August 1724 galt sogar eine vom Rat eingeführte Sperrverordnung. Darin war festgelegt, daß jeder, der nach Schließung der Tore ankam, einen Sperrbatzen zahlen mußte. Das war schlimm für die Frankfurter, denn vor den Toren der Stadt lagen die Wingerte, Weinberge und Wirtschaften, worüber Friedrich Stoltze einmal schrieb: „… Altfrankfort lag noch vor fuffzig Jahrn buchstäblich in Wein un Gemies." Da die Tore bereits nach Sonnenuntergang geschlossen wurden, war es besser für den Heimkehrenden, den letzten Batzen nicht zu vertrinken, damit er durch eines der dafür bestimmten Tore, welches nur gegen Bezahlung nochmals geöffnet wurde, eingelassen werden konnte. Die meisten Bürger mußten tagsüber schwer arbeiten, so wollten sie abends gemütlich ihren wohlverdienten Schoppen trinken. Sie revoltierten. Im Oktober 1831 kam es zu dem sogenannten Sperrbatzen-Krawall, der ein blutiges Ende nahm, denn ein Torwächter lag tot am Boden. Erst im Jahre 1836 wurde die sogenannte Sperrbatzen-Verordnung aufgehoben.[46]

Bereits Anfang des 18. Jahrhunderts hatte sich in der vom Kaufmannsgeist geprägten Stadt einiges geändert. Die mühsam erbauten Befestigungsanlagen mit ihren kostspieligen Maßnahmen zur Unterhaltung hatten zudem an Bedeutung verloren. Kriege wurden anders geführt, und Frankfurt wollte nun eine offene Stadt sein. Schon 1705 wurde begonnen, vor dem inneren Gallentor eine Lindenallee zu pflanzen. Im Laufe der Jahre wurden diese sich langsam auf den weiteren Befestigungswall erstreckenden Anlagen zur beliebten Promenade der Frankfurter, worüber 100 Jahre später Mutter Aja an ihren Sohn in Weimar begeistert schreibt: „… die alten

[45] Bothe, Friedrich: Brauch und Sitte im alten Frankfurt, S. 49.
[46] Blutiges Ende des Sperrbatzen-Krawalls, in: FR 2.3.1998.

Walle sind abgetragen die alten Thore eingerißen um die gantze Stadt ein Parck man glaubt es sey Feerey – man weiß gar nicht mehr wie es sonst ausgesehen hat – unsere alten Perücken hätten so was biß an Jüngsten Tag nicht zu wegen gebracht – bey dem kleinsten Sonnenblick sind die Menschen ohne Zahl vor den Thoren Christen – Juden – pele mele alles durcheinander in der schönsten Ordnung es ist der rührenste Anblick den man mit Augen sehen kann ....“[47]

Die überalterten Befestigungsanlagen waren nicht mehr zeitgemäß, außerdem engten sie die Städte ein. Es wurde angestrebt, Licht und Luft in die engen Gassen zu bringen. Die Stadt erweiterte sich nach draußen, es war Aufbruch angesagt und damit Abbruch der einengenden Mauern. Auch die begrenzenden Tore sollten fallen, um den Bau von breiteren Straßen zu ermöglichen. Das Tor des Eschenheimer Turmes wurde in dieser Zeit nur noch für die Durchfahrt von Kutschen benutzt, da es nicht erlaubt war, schwere Fuhren durchzuführen.

Im April 1801 war bereits einer der ehrwürdigen Wehrbauten des mittelalterlichen Frankfurt, der „Alte Brückenturm“, auf der Frankfurter Seite des Maines niedergelegt worden. In einem damals gedruckten Flugblatt wurde dieses Ereignis einer seltsamen bemerkenswerten Begräbnisfeier festgehalten.[48] Da mußte auch der Eschenheimer Turm mitwirken.

Trauergesänge sämtlicher Türme

Der Pfarrthurn, als Oberpriester, mit Posaunen und Klarinetten

Valet will ich dir geben,
Freund Brückenthurn! gut’ Nacht.
Du hast dein zähes Leben
Nun hoch genug gebracht.
Wir steh’n an deinem Grabe
Und denken, daß uns spät
Noch zu betreffen habe,
Daß es uns auch so geht.

[47] Briefe der Frau Rat Goethe, S. 141.

[48] Der alte Frankfurter Brückenthurm und sein Ende, in: Frankfurter Hausblätter, Beilage zum Frankfurter Anzeiger Nr. 149 v. 28.6.1879, S. 594ff.

Der Catharinen-Thurn, als Musik-Direktor, mit Fagot, Flöt und Waldhorn

Geknüpft durch Freundschafts-Bande
Und weinend stehen wir
Gehüllt in Trau'r-Gewande
An deinem Grabe hier.
Im ganzen deutschen Reiche
Ist es noch nie geschehn,
Daß man solch eine Leiche,
Wie diese, hat geseh'n.

Der Nikolai-Thurn, als Bassist mit 24 Trompeten, schmettern

Auch ich muß dich beweinen,
Dein Abschied macht mich weich.
Bald werd' ich auch erscheinen
Bei Dir in deinem Reich.

Aus diesem Weltgetümmel
Werd' ich mit Freuden gehn,
Wer weiß, in welchem Himmel
Wir uns einst wiedersehn.

Der Eschenheimer-Thurn, als Kreuzträger

Ich ging vor deinem Wagen,
Du lieber Bruder, du!
Ich hab das Kreuz getragen
Zu deiner Grabesruh.

Wir singen Trauer-Lieder,
Dein Abschied fällt uns schwer.
Wann sehn wir uns dann wieder?
Ich glaube: nimmermehr.

Der Mainzer-Thurn, als Grab-Redner

Sanft ruhe deine Asche,
Die Ruhe sei dein Lohn.
Ich zieh' aus meiner Tasche
Die Parentation.

Doch eh' ich parentiere
Und trete vorne an.
So stimmt ihr andern viere
Mit mir das Chor nun an.

Das ganze Chor:

Leidträger, Träger, Nebengänger und Leichenbegleiter
Gesang und vollständiger Trauer-Musik.

So ruhe sanft im Frieden,
Getreuer Mit-Kolleg!
Du hast dein Theil hinieden
Empfangen und hinweg

Wenn Dir in jenem Lande
Des Fettmilchs Geist erscheint
So lös ihm seine Bande
Als deinem alten Freund.

Es wurde sogar eine Leichenrechnung aufgestellt.

Leichen-Rechnung

An schwarzem Trauer-Tuch fünftausend Staab [49]	Fl.
Wir setzen für den Staab nur 7 Gulden an	35000
Für Futter, Leinwand, Knöpf, Kameelhaar, Zwirn und Bendel	7500
Nehseiden, Schechter, Schnur und hohe Krägen dran	2500
Den Fuhr- und Tragerlohn, nebst Trinkgeld den Gesellen	3500
Für Leute, welche man zu Trägern mußte stellen	4500
Für Grab und Leichenstein mit eisernem Gegitter	1500
Für Bretzeln, Wein und Brot und für den Leichenbitter	2000
Für Leichentuch, Gewand und für den Trauerwagen	1500
Zitronen, Handschuh, Flor	2000
In Summa wird's betragen: Fl.	60000

Hier diese Rechnung ist danknehmigst ausgeglichen,
Nachdem man erst vorher zwei Nullen weggestrichen.

[49] auch Stab, altes Metermaß für Mantelstoff.

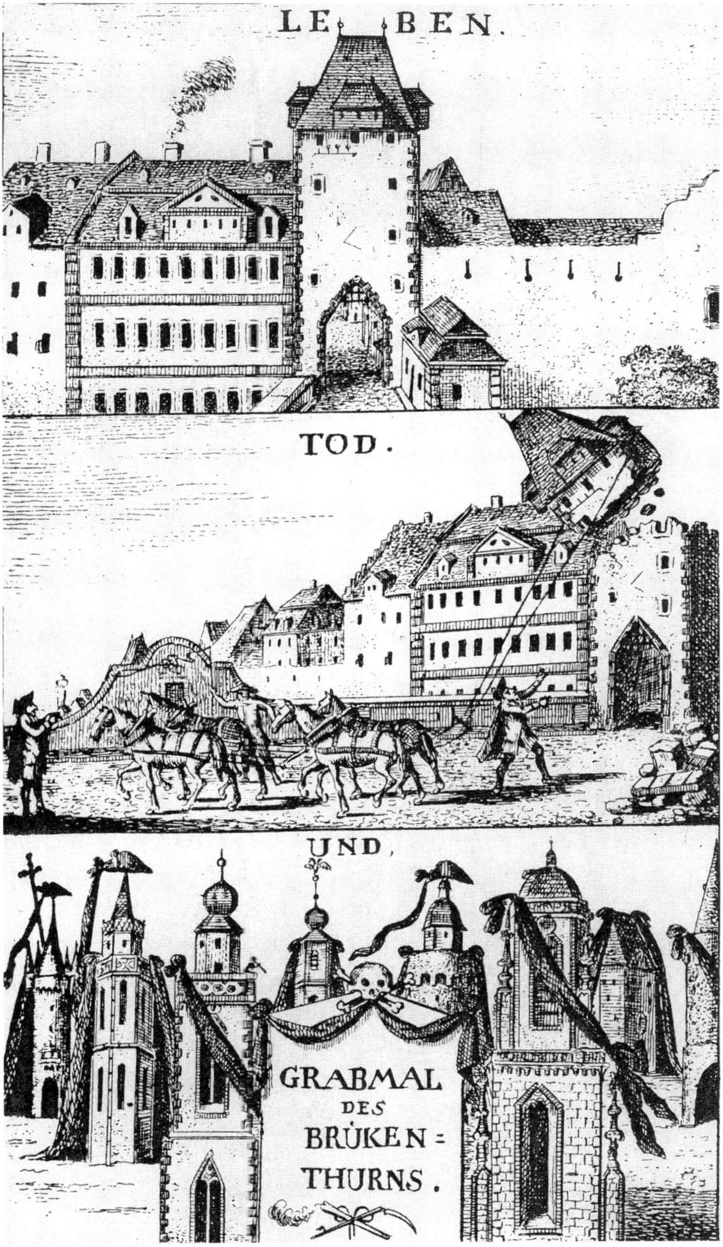

Flugblatt vom Abriß des Brückenturmes

Bürger schleifen 1805 die Festungswälle, Kupferstich von J. C. Berndt, 1805

Ende November 1802 war die endgültige Demolierung der Festungswälle beschlossen worden. Die Bastionen und Werke mußten abgetragen und mit ihrem Material gleichzeitig der Festungsgraben ausgefüllt werden. Die anfallenden hohen Kosten konnten durch einen „Aufruf an die Bürger zur Mitarbeit mit Schippe und Hacke am Demolitions-Geschäft, 19.11.1805“ beträchtlich gesenkt werden. Nur dadurch war es möglich, die „Demolition“ innerhalb von zwei Jahren (1804–1806) durchzuführen. Auch am Eschenheimer Turm wurde die Stadtmauer abgerissen. Da bisher der Eingang in das Innere des Turmes über die gedeckte Mauer zum Wehrgang erfolgte, mußte ein neuer Zugang geschaffen werden. Am Unterbau wurde beidseitig ein einfacher Treppenaufgang angebaut; auf der Längs- und Querschnittszeichnung Otto Lindheimers sind die Anbauten eingezeichnet.

Um den Eschenheimer Turm war es stiller geworden. Wann die „Sturmknechte“ ausgezogen sind, ist nicht genau festzustellen. Nur ein Wächter blieb zurück. Da der Turm stabil gebaut war und es nie in ihm gebrannt hatte, wurde er zur Aufbewahrung wichtiger Dokumente der Stadt benutzt, wie in einem alten Stadtführer von 1843 nachzulesen ist. Später wurden sogar einzelne Bestände des historischen Stadtarchives im Eschenheimer Turm untergebracht. Ab dem Jahre 1878

Archivgebäude am Weckmarkt, Giebelhaus zwischen Stadtwaage und Leinwandhaus, Foto: C. F. Mylius, 1873

konnten endlich die an verschiedenen Stellen in der Stadt gelagerten Bestände mit allen Abteilungen in einem eigens dafür erstellten Archivgebäude am Weckmarkt, neben dem Leinwandhaus untergebracht werden.[50] Bereits 1819 hatte sich ein interessanter Bewerber für den Eschenheimer Turm gemeldet, ein Pumpenmacher wollte in den Turm einziehen. Theophil Liebtreu hatte den Antrag gestellt, eine Luftschrotgießerei im Turm einzurichten, was zunächst vom Bauamt unterstützt wurde, „... da die Anlage weder feuergefährlich, noch dem im Thurme befindlichen Archive zum Nachteil sein könnte ...“, was dann doch nicht zustande kam. Inzwischen waren auch andere, den Turm betreffende Überlegungen im Gange. Die größte Gefahr aber bestand darin, daß er abgerissen werden könnte. Frankfurt wollte ja eine moderne und offene Stadt sein, da paßten die alten Tore und Türme, die vorher Macht und Größe bezeugten, nicht mehr in das Stadtbild. Die Wallanlagen waren bereits zu einem sehr belebten „Ort der Plaisier“ geworden. Auch direkt am Eschenheimer Turm hatte sich das Bild verändert. Es gab dann zwar noch die Zoll- und Wachhäuschen mit einer Wache der Frankfurter Bürgerwehr, aber es war eine andere Atmosphäre entstanden, es gab nicht

[50] Binding, Rudolf, G.: Das schöne Gesicht von Frankfurt am Main, Bild 79.

mehr den engen und bedrohlichen Eingang durch das Bollwerk mit der Brücke über dem inzwischen zugeschütteten Graben. Es wurden Bäume gepflanzt und Marmorbüsten aufgestellt. Anton Kirchner beschreibt in seinen „Ansichten von Frankfurt am Main“ die neuen Anlagen um die Stadt sehr ausführlich, und sagt zum Eschenheimer Turm: „Zunächst am Eschenheimer – (dem ehemaligen Karlstore) findet man einige Marmorbüsten aufgestellt, die als Kunstwerke nicht ohne Werth sind. Der Lustweg von hier nach dem Bockenheimerthore ist der besuchteste von allen. Er zeichnet sich durch ein reizendes Jasmin- und Rosenthal aus ...“ (davon wird später noch berichtet). Aus dem Jahre 1827 gibt es eine detaillierte Schilderung von Gerhard Friedrich Wilmans, Buchhändler, Verleger und Kunsthändler, daß schöne, weiß marmorne Büsten von Alexander und Roxane den kurzen Weg zwischen Tor und Turm schmücken.[51] Und in einem „Wegweiser für Fremde und Einheimische“, 1843 erschienen, heißt es immer noch, daß die Büsten Alexander und Roxane rechts und links den Ausgang zieren. Ein Bürger namens Georg Meister, hat die Figur um 1850 in einer – wenn auch etwas einfachen – Zeichnung festgehalten. Was Alexander und Roxane (eine Fürstin aus Persien) mit Frankfurt verband, ist heute schwer feststellbar. Vielleicht bestand für den Künstler ein Zusammenhang mit dem humanistischen Namen *Helenopolis* für Frankfurt, der ab dem Mittelalter in der Literatur auftaucht und ohne endgültige Klärung immer wieder benutzt wurde.[52]

Im Rahmen der Erneuerung der gesamten Wallanlagen sollten die Wachtürme verschwinden. So sollte auch der inzwischen alt gewordene Eschenheimer Turm abgerissen werden. In einem alten und interessanten Zeitungsreport, leider ohne Datum, sind die verschiedenen Situationen und Gründe bezüglich Abriß des Eschenheimer Turmes als Turmattentate zusammengefaßt. „Das erste Attentat auf dieses Wahrzeichen großartiger Selbstbehauptung heckte ein Bürger namens Ohlenschlager aus. Er schrieb 1808 an die ‚Gesetzgebende Körperschaft‘ in schönstem Amtsstil: ‚Der Eschenheimer

[51] Vogt, Günther: Frankfurter Bürgerhäuser des 19. Jh., S. 33 u. 36.

[52] Archiv für Frankfurts Geschichte und Kunst (hg. von Wolfgang Klötzer und Dieter Rebentisch), S. 156.

Marmorbüste „Alexander und Roxane" vor dem Eschenheimer Turm, Zeichnung. Geschenk von Georg Meister, im Historischen Museum Frankfurt a. M.

Turm muß entfernt werden. – Wir würden über den Eschenheimer Turm, sozusagen im Mittelpunkte zwischen den so modernen und stolzen Avenuen und anderen regelmäßigen Anlagen auf der einen Seite der Stadt und daneben, so im elegantesten Stile erbauten Mühlensisch-Palais auf der anderen Seite schon längst den Stab gebrochen haben, und dies um so gewisser, als er in einer nach den liberalsten Grundsätzen der Stadt wie die unsrige stets das Andenken der mit fast gleichen Umgebungen versehen gewesenen Bastille und überdies noch durch seine fast gleiche Form und schmutzige Farbe dem, der sie gesehen, auf das Unschicklichste sich zurückzurufen sich herausnimmt.' Zweifelsfrei wäre der Anschlag gelungen, hätte nicht ein Ausländer, der beim Fürstprimas akkreditierte französische Gesandte Graf d'Hédauville, mit allen ihm zu Gebote stehenden Mitteln opponiert und als einziger den Schandplan 1809 zunichte gemacht. Doch schon 1832 erhob bereits ein neuer, diesmal sogar beamteter Meuchler das Haupt. Der sehr ehrenwerte Herr Stadtbaumeister Heß der Jüngere ließ sich in seiner Eingabe an das Bauamt also vernehmen: ‚Ich glaube nicht als Vandale angesehen zu werden, wenn ich frei ausspreche, daß der Eschenheimer Turm, welcher ohnehin sich durch keine architektonische Schönheit auszeichnet, sondern als eine plumpe Mauermasse dasteht und nur zur Verfinsterung der nahestehenden neuen Gebäude und zur Hemmung der freien Passage dient, endlich auch dem neuen Frankfurt Platz machen sollte.' Es ehrt noch heute besagtes Bauamt, daß es seinem Chef die Nachfolge versagte und eine andere Vorstellung des ‚neuen Frankfurt' damit dokumentierte. Persönliche Verteidiger sind mir in diesem Falle nicht bekannt. Aber das ‚neue Frankfurt' marschierte nun einmal, und schon eine Generation später war der ursprüngliche Schönheit und Kraft ausstrahlende Baukörper wieder unbequem. Diesmal blieb es dem einstens recht maßgeblichen Juristen Dr. Friedleben vorbehalten, anno 1864 folgenden Schriftsatz offiziell einzugeben: ‚Ich stelle den Antrag, den Eschenheimer Turm als einen Anachronismus, eine Verunstaltung der Straße, als ein völlig wertloses Objekt ohne historische Bedeutung einzureißen.' Und wieder geschah das Wunder: Eine verschwindende Minorität von fünf überzeugten Menschen unter Führung des ohne Zeitbrille sehenden Frankfurter Bürgers ‚Brofft' und des weitblickenden Arztes Dr. G. Varrentrapp setzte sich gegen eine überwältigende, aber amorphe Mehrheit erfolgreich durch. Seitdem ist viel Wasser den Main hinab und Blut auf Erden geflossen – aber – der alte Turm ist noch! ....“ Wie bereits in dem vorgenannten Zeitungsreport erwähnt, konnte der beschlossene Abriß des Eschenheimer Turmes nur durch die warme und wirkungsvolle Fürsprache eines Franzosen, des Grafen d'Hédouville, verhindert werden. Die Angelegenheit schien ihm so wichtig, daß er beim damaligen Fürstprimas Carl von Dalberg um eine besondere Audienz gebeten hat, die ihm gewährt wurde und auch den gewünschten Erfolg brachte.[53] Weitere Nachforschungen bezüglich der Abrißgefahren sind äußerst schwierig, da viele Protokolle der Stadt im letzten Krieg verbrannten oder bei Verlagerungen verloren gingen. Auch Friedrich Stoltze war besorgt um die immer wiederkehrenden Abrißanschläge bezüglich des Eschenheimer Turmes. Im Briefkasten seiner *Latern* 19/1875 rechnete er den Stadtvätern vor: „Der Abbruch des Eschenheimer Thurm's würde wenigstens 60–70.000 Mark kosten. Wäre es also nicht besser, man stellte im Stadtverordneten-Rath den Antrag diese Summe uns, der *Latern*, wegen ihrer Verdienste um die Vaterstadt auszubezahlen, um den Eschenheimer Thurm – stehen zu lassen?" Nicht nur die andauernde Gefahr des Abrisses drohte dem Eschenheimer Turm im 19. Jh., auch kam es immer wieder durch Blitzschlag zu Schwierigkeiten. Aus den Tagebuchaufzeichnungen des Stadtkanzlisten Heinr. Ludwig Carl Leuchtweis geht hervor, was am 9. Juni 1874 im Eschenheimer Turm passierte. Das Ereignis beschreibt er in seinem Bericht wie folgt: „Der Blitz, welcher gestern Mittag, glücklicherweise jedoch kalt, in den Eschenheimer Thurm einschlug, hat ziemlich bedeutende Verheerungen angerichtet. Die Fahne nebst steinernem Kreuz und ein Theil der die Spitze bildenden Krone wurde hinab in die Brustwehr des Thurmes geschleudert und die anderen Quadersteine aus ihrem Lager geschoben; der Blitz fuhr hierauf in den Thurm in die Küche, schlug da, wo das Feuerrohr hing, dasselbe herabwerfend in die Wohnung des Thürmers (Johann Michael Walthes), schlug erst mehrere Löcher in die Wände, fuhr die Decke im Zickzack entlang, warf den ganzen Verputz auf ein Klavier herunter, an welchem die Tochter des Wächters saß, sprang auf einen Schellendraht über und fuhr in südwestlicher Richtung, einen dunkelen Streifen am Thurme zurücklassend, herab. Als ein großes Glück ist es zu bezeichnen, daß der Blitz nicht zündete, denn im Thurme befindet sich eine große Masse Holzwerk und sind Stiegen und Balkenanlagen, welche sich bis in die Spitze etagenweise aufthürmen, vielfach baufällig. Ein Blitz-

[53] Bericht Gwinner: Frankfurter Ansichten aus alter Zeit, S. 34f.

ableiter ist nicht angebracht. Welcher Schaden aber bei einem Brande hätte entstehen können, dürfte aus der Thatsache hervorgehen, daß das benachbarte Museum mit seinen Schätzen, das Produkt langjährigen Sammeleifers, nicht versichert ist." Man muß sich vorstellen, wie ein Klavier in das obere Geschoß des Eschenheimer Turmes gelangen konnte. Wahrscheinlich wurde es von außen hochgezogen und dann durch das Fenster hereingebracht. Friedrich Stoltze, kritischer Beobachter der Ereignisse in Frankfurt, vermerkt in seiner *Latern* 27/1874 empört zu diesem Vorfall: „... daß man dem Wächter, der durch Blitzschlag alles verloren hatte und nur mit dem Schrecken davon kam, die vom Magistrat vorgeschlagene einmalige Zahlung von 100 Gulden Entschädigung verweigerte ...." Der Turmwächter erhielt zu dieser Zeit als Lohn 150 Florin[54] und freie Wohnung, was sicher kein üppiges Einkommen war für den schwierigen Dienst in einsamer Höhe. Dieser Vorfall vom Blitzschlag in den Eschenheimer Turm und die nicht genehmigte Kostenerstattung sind heute noch in den Magistrats-Akten nachzulesen.[55] Wenigstens etwas Positives wurde veranlaßt, und zwar zunächst ein Gutachten über die Funktion eines Blitzableiters beim Physikalischen Verein einzuholen. Im Oktober 1874 wurde dann die Installation eines Blitzableiters auf dem Eschenheimer Turm genehmigt und durchgeführt. Der Türmer Walthes hat trotz Ablehnung seiner Forderung weiterhin den für ihn immer schwieriger werdenden Dienst (20 Std. pro Tag) versehen. Nachts kam für vier Stunden ein sogenannter Beiwächter, damit er wenigstens für eine kurze Zeit von der ständigen Wache befreit werden konnte. Nach dem großen Dombrand von 1867 wurde dort und auf dem Eschenheimer Turm ein Feuersignal errichtet, das bei Tag und besonders in der Nacht beaufsichtigt werden mußte. Erschwerend für den Wächter kam hinzu, daß zu seiner Zeit im Eschenheimer Turm noch keine Wasserleitung bis zur Küche in der 6. Etage eingebaut war. Ein Auszug aus dem Bittgesuch vom 9.10.1878 zeigt die Probleme des Türmers Walthes: „Ich bin dermalen 56 Jahre alt und versehe seit

[54] Florin = franz. Name für Gulden.

[55] Magistrats-Akte: Thürmer und Turmwächter 1868–1910, Akten 3152/1304, R22, No. 9.

dem Juli 1845 die Stelle als Thürmer an dem Eschenheimer Turm. Das Wasser, welches ich zu meiner Haushaltung bedarf, muß ich an den Schöpf- und Ziehbrunnen = nicht genügend gegen Verunreinigung von außen geschützt (dadurch Unterleibstyphus), der angrenzenden Straßen entnehmen und 137 Stufen zu meiner Wohnung emportragen. Durch diese Schwierigkeit und den Mangel an Wasser müssen wir an der Gesundheit Schaden leiden, denn der Wasserstein-Kändel geht in die Antauche und verursacht einen ungesunden und schädlichen Geruch in der Küche. Da mir meine pekuniären Verhältnisse nicht gestatten, hierfür jemand zu halten, so muß ich dies selbst besorgen. Solange ich jung war, hatte dies nichts zu sagen, aber jetzt da das Alter seine Ansprüche geltend macht, fällt mir der Transport des Wassers sehr schwer. Nachdem nun schon seit Jahren die Stadt mit einer Wasserleitung versehen und alle öffentlichen Gebäude deren Wohlthat teilhaftig geworden – ist der Eschenheimer Turm bis jetzt noch nicht versehen ....“ Inzwischen war die Heizvorrichtung im Turm von Holz auf Steinkohle umgestellt worden, aber auch diese mußte die vielen Treppen hochgeschleppt werden. Es war wirklich kein leichter Dienst, Türmer zu sein. Im Jahre 1880 wurde Walthes gegen ‚widerrufliche Benutzung der freien Wohnung auf dem Catharinenturm‘ in den Ruhestand versetzt. Das war möglich, da zu dieser Zeit der Feuerdienst auf dem Catharinenturm eingestellt wurde. Die beiden Türmer Joh. Michael Walthes und Vicar Andreae wurden ausgetauscht. Auch im ausgehenden 19. Jh. war der Eschenheimer Turm immer noch Wächter über unsere Stadt. Erst im Jahre 1898 wurden auf Grund der technischen Weiterentwicklung die Feuerwachen auf den Türmen aufgehoben. Die Abrißgefahren und diversen Blitzeinschläge hatte der Turm in seiner trutzigen Art überstanden.

Einladungskarte zum Künstlertreff, gezeichnet von Anton Burger, Städelsches Kunstinstitut Frankfurt am Main

Für die Zeit um die Mitte des 19. Jahrhunderts gibt es auch positives Geschehen zu berichten, man traf sich im Turm zu gemütlichem Beisammensein. Die „Frankfurter Künstlergesellschaft" hatte sich eine Künstlerkneipe im 4.OG. des Eschenheimer Turmes eingerichtet. Von einer besonderen Feier soll hier berichtet werden. Am 28. Mai 1852 wurde auf Schloß Auerbach ein großes bedeutendes Künstler-Maifest veranstaltet. Die Frankfurter Maler, die sich nicht daran beteiligten, haben daher zu einem „Festabend in der Künstlerkneipe auf dem Eschenheimer Turm" eingeladen, wofür Anton Burger sogar eine Einladungskarte gezeichnet hat.[56] Zu diesem Fest waren alle Beteiligten in mittelalterlichen Kostümen erschienen. Es muß auch sehr lustig bei der Feier im Turm zugegangen sein, denn der Frankfurter Maler und Kunstschriftsteller, Johann Friedr. Hoff, berichtet noch in seinen „Erinnerungen und Gedanken eines Achzigjährigen" darüber: „Während wir den Tag im Odenwald verbrachten, vereinigten sich eine Anzahl Künstler, unter ihnen von den tüchtigsten Männern: Dielmann, Philipp Rumpf, Burger, Prestel u.a. in ihrer behaglich eingerichteten ‚Künstlerkneipe' hochoben im Eschenheimer Turm. Sie hatten sich von ihren Genossen getrennt und nannten sich den ‚Totenbund'! Ein merkwürdiger Kontrast zwischen Namen und Treiben; denn wo Burger weilte, fehlte es nicht an Leben und Humor. Doch die Trennung währte nicht allzulang: die Gründung der Künstlergesellschaft (1857) vereinigte wieder alle ...." Dieses denkwürdige Treffen hat der Maler Chr. Wunibald Angilbert Göbel (1863) in einem Bild festgehalten.[57] Eine Kopie des Bildes im schönen alten Ebenholzrahmen hängt im Kaminzimmer des Eschenheimer Turmes. Dazu liegt ein kleines Exposé von Dr. Christoph Andreas vor. Darin heißt es:

„In der Mitte des 19. Jahrhunderts gab es in Frankfurt eine ganze Reihe von Freundschaften zwischen Malern, die sich teilweise im Städel, teilweise in Kronberg oder auch im Eschenheimer Turm trafen. Eine dieser Vereinigungen von Malern gleicher Gesinnung und Interessen war der sogenannte ‚Totenbund'. Ihm gehörten Johann Fürchtegott Dielmann, Anton Burger, Christian Wunibald Angilbert Göbel und Jakob Maurer an. Einmal in der Woche tagten sie hoch oben im Eschenheimer Turm in einem kleinen Raum, der heute noch zu lokali-

[56] Zeichnung Eigentum des Städelschen Kunstinstitutes, graph. Sammlung.
[57] Hoff, J. F.: Frankfurter Künstler, S. 15. Inhaber des Göbel Aquarelles ist die Kunsthandlung J. P. Schneider jr., Inh. Familie Andreas, Frankfurt am Main.

Künstlertreff im Eschenheimer Turm, 1863, Aquarell von Chr. Wunibald Angilbert Göbel

sieren ist. Der Name des Totenbundes stammt daher, daß ein Totenkopf auf dem Versammlungstisch aufgestellt war.

Chr. W. A. Göbel hielt diese Künstlerfreundschaft in einem Aquarell fest, das sich im Besitz von Alexander Günther, einem Kunstfreund und Mäzen, befand (1839–1927). Dargestellt sind Günther, Dielmann, Burger sowie der aus Barbizon stammende Charles Jacque. Günther hat die Begebenheit auf der Rückseite des Bildes festgehalten. Es handelt sich also bei dem Aquarell nicht nur um eine künstlerisch reizvolle Zeichnung, sondern auch um ein historisches Dokument."

Es muß hier auch noch von ernsthafteren Geschehnissen um den Eschenheimer Turm berichtet werden. Im März 1920 gab es ein politisches Ereignis, wobei der Eschenheimer Turm eine Rolle spielte: Der Kapp-Putsch. Schon vorher brodelte es an allen Ecken der Stadt, daher bedurfte es wahrlich nur eines

Gerüchtes und die Volksseele kochte über. Wirre Nachrichten aus Berlin waren schneller in Frankfurt angekommen als die Weisungen des Regierungspräsidenten. Die Lage war völlig unklar, aber die vielen Gruppen mit ihren verschiedenen politischen Interessen reagierten sofort. Drahtzieher des Putsches war der aus Ostpreußen stammende rechtsradikale Generallandschaftsdirektor Wolfgang Kapp, der auch Frankfurt für einen Tag in einen Hexenkessel verwandelte. Erst nach Beendigung des Putsches konnten die Zeitungen über den 13. März 1920 berichten: „...Inzwischen war es an der Gutleutkaserne zu schweren Kämpfen gekommen, ebenso am Eschenheimer Tor, das vierte Polizeirevier Ecke Hoch- und Börsenstraße war zu stürmen versucht worden und die Kugeln der Maschinengewehre pfiffen durch die Hochstraße, aus der weithin vernehmbar das Gewehrfeuer und das Krachen von Handgranaten drang. ... Die Spuren des Kampfes sind am Eschenheimer Turm, an den Häusern der Hochstraße, in der Börsenstraße, in der Battonnstraße und vor der Gutleutkaserne massenhaft sichtbar. Traurige Zeichen entfesselter Leidenschaften".[58] Und ein Augenzeuge berichtet: „An der Hauptwache hörten wir durch die Große Eschenheimer Schüsse aus Richtung Turm. Die schmale Gasse war voller Menschen. Wir drängten uns durch bis zum Turm. Aus den Fenstern und Luken wurde in die Hochstraße hineingeschossen, wo sich das 4. Polizei-Revier befand. Dort stand auf der Straße ein Maschinengewehr und schoß in Richtung Turm."[59] Die Stadt Frankfurt hatte am Ende 14 Tote und 150 schwerverletzte Männer und Frauen zu beklagen. Was war in Berlin geschehen? „In den Morgenstunden des 13. März marschierte das Freikorps in die Hauptstadt ein, besetzte alle wichtigen Punkte, die Reichsregierung floh nach Dresden, von da aus nach Stuttgart. Kapp rief sich zum neuen Kanzler aus und versuchte eine Regierung zu bilden. Sie scheiterte nach vier Tagen am Widerstand der Beamten, Angestellten und Arbeiter, scheiterte am Willen der Masse des deutschen Volkes..."

[58] Ein Gerücht und 14 Tote, in: FAZ 22.1.1969.
Die Vorgänge in Frankfurt in: Beiblatt der Frankfurter Nachrichten 15.3.1920.
[59] Stadtarchiv Akte S 3/A 7127 „Kapp-Putsch" 13.3.1920.

Kapp-Putsch im März 1920, Zeichnung von J. M. Bachmann, Historisches Museum Frankfurt a. M.

Fast zehn Jahre später, im Sommer 1930, gab es wieder eine Demonstration, die vom Eschenheimer Tor ausging, die „Tönende-Musiker-Demo“. Auf den Filmstreifen wurde jetzt der Ton mitgeliefert. Die Musiker welche bisher den Stummfilm musikalisch begleitet hatten wurden überflüssig. Der Protest richtete sich mit schallenden Posaunen gegen den Tonfilm, wodurch viele Musiker arbeitslos wurden.[60]

Vom Eschenheimer Turm, der bis heute Mittelpunkt und gleichzeitig Glanzstück der Befestigung um Frankfurt war, gehen zwei bezeichnende Linien aus – die eine verbindet, die

[60] Frankfurt vor 60 Jahren, in: FAZ 24.6.1990.

andere trennt. Bei der verbindenden Nord-Süd-Achse handelt es sich um eine historische Zeile, ausgehend vom Rententurm bis hin zum Eschenheimer Turm als attraktivem Abschluß. Bereits im Februar 1982 haben sich die „Freunde Frankfurts" auf einer Pressekonferenz für eine Festschreibung dieser Nord-Süd-Achse eingesetzt, die von erhalten gebliebenen oder wiederaufgebauten Zeugnissen des alten Frankfurt flankiert ist:

„Fahrtor mit Rententurm und Haus Wertheim, Römerberg mit Nikolaikirche, Schwarzer Stern und Ostzeile sowie dem Römer selbst, dessen nördlicher Teil, das Salzhaus, sein ursprüngliches Aussehen zurückerhalten könnte, dann die Paulskirche, der Liebfrauenberg mit dem barocken Ensemble des Hauses-Grimmvogel und des Brunnens, das Liebfrauenkloster mit Kirche, (mit einem leichten Achsenknick) die Hauptwache, an der Großen Eschenheimer Gasse das barocke Portal des Palais Thurn und Taxis und schließlich der Eschenheimer Turm."

Es gibt einen weniger bekannten Plan von Merian, der Frankfurt im Jahre 1645 aus nördlicher Sicht zeigt, worauf die historisch gemeinte Zeile recht gut zu erkennen ist.[61] In diesem Plan sind die inzwischen fertiggestellten 12 Bastionen wie ein strahlender Sternenkranz um Frankfurt eingezeichnet. Im bekannteren Plan von Merian, 1628 erstellt, konnte nur die erste fertiggestellte Bastion am Friedberger Tor eingezeichnet werden. Bei der letzten Renovierung des Turmes, die Fertigstellung erfolgte im September 1992, wurde auf dem Platz vor dem Turm die oben beschriebene Nord-Süd-Achse dokumentiert. Diese Achse wurde durch einen Streifen mit dunkler Pflasterung hervorgehoben. Die trennende Linie geht durch die heutige Große Eschenheimer Straße. Diese Straße wurde nach der Stadterweiterung im Jahre 1333 bedeutungsvoll „Schiedegasse" genannt, da sie die Neustadt in eine östliche und eine westliche Stadt trennte.[62] Anfang des 19. Jahrhunderts, in der sogenannten Dalberg-Zeit, hat man die Straße dem Fürstprimas zu Ehren vorübergehend „Karlstraße" ge-

[61] Lübbecke, Fried: Das Antlitz der Stadt, Tafel IV.
[62] Battonn, J. G.: Oertliche Beschreibung der Stadt Frankfurt am Main, 6. Heft, S. 175.

Tafel IV: Plan der Stadt Frankfurt von Norden. Kupferstich von Matthäus Merian d. Ä. für die „Topographia Hassiae" (1645).

nannt. Nach Beendigung seiner Amtszeit 1813 wurde sie endgültig in Große Eschenheimer Straße umbenannt, wie sie heute noch heißt. Am Eschenheimer Turm endet die Staße. Er ist Mittelpunkt der ankommenden und der nach draußen führenden Straßen. Durch seine ausstrahlende Beständigkeit wird der Turm für die Vorbeikommenden zum ruhenden Pol in unserer schnellebigen Zeit.

Plan der Stadt Frankfurt von Norden, Kupferstich von Matthäus Merian d. Ä. 1645

Rund um den alten Gesellen

Schon von Anfang seines Bestehens gab es am Eschenheimer Turm reges Leben und Treiben, was durch seine zentrale Lage bedingt war. Die älteste diesbezüglich erhaltene Nachricht besagt, daß an diesem Platz vermutlich ein Frucht- und Mehlmarkt gewesen sein muß. In alten Stadt-Rechenbüchern ist festgehalten, daß sich noch bis 1540 eine Mehlwaage an der „Eschersheimer Pforten" befand.[63] Später war östlich vom Eschenheimer Turm ein großer Waffen-Sammelplatz angelegt worden, den Faber in seinem berühmten Plan von 1552 eingezeichnet hat. Dieser Platz wurde etwa 100 m vom Eschenheimer Turm entfernt durch die heute noch so benannte Katzenpforte begrenzt. Der Name ist nicht wegen dort lebender Katzen entstanden. Noch bevor die neue Stadtmauer gebaut wurde, war dort – etwas vorgelagert – ein wichtiger Kreuzungspunkt der Straßen nach Ginnheim und Eckenheim,[64] es wurde daher eine ‚Katze' aufgestellt: „Der Name scheint davon herzukommen, weil bei derselben Pforte die Katze aufgestellt ward. Diese zur Vertheidigung angewendete Kriegs-Werk Maschinerie wird in den Stadt Rechenbüchern oft erwähnt, also daher Katzenpforte." So hat es Johann Gg. Battonn, Geistlicher Rat und Historiker der Stadt beschrieben. Wegen eines begrenzenden Flurstückes „Zum Rad" wurde die Katzenpforte zeitweise Rad-Gasse genannt (s. Bild Seite 149).

Auf dem Plan von Merian von 1628 ist auch die Gasse „Hinter der schlimmen Mauer" zu erkennen, zunächst parallel zur Stadtmauer verlaufend und dann nach der Zeil abknikkend. 1827 wurde diese Gasse in Stiftstraße umbenannt. Der alte Name besagt nicht, daß dort Schlimmes passiert wäre. Er soll durch einen früheren Anwohner Namens Slim entstanden sein. Das Gelände vom Eschenheimer Turm bis hin zur Katzenpforte hat im Jahre 1763 der Arzt Joh. Christian Senckenberg von der Patrizierfamilie Uffsteiner erworben.[65] Für

[63] Battonn, J. G.: Oertliche Beschreibung der Stadt Frankfurt am Main, 6. Heft 1871, S. 181.

[64] Schriften des Dreieich-Museums, Heft 5: Die Frankfurter Stadterweiterung von 1333, S. 3f.

[65] Lübbecke, Fried: Das Antlitz der Stadt, S. 94.

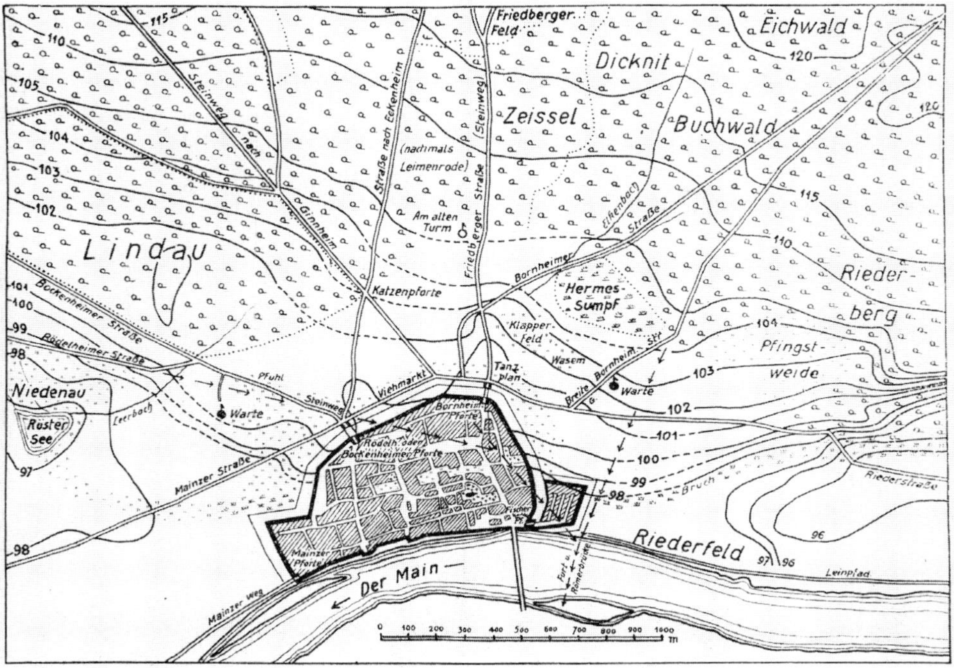

Senckenberg schien das Gebiet geeignet, seine Pläne zu verwirklichen. Da er ohne leibliche Erben geblieben war, hat er sein ganzes beträchtliches Vermögen „zur Hebung des Frankfurter Gesundheitswesens“ gestiftet. So entstand noch zu Lebzeiten Senckenbergs das Stiftungszentrum am Eschenheimer Turm: der botanische Garten mit Gewächshaus, ein bürgerliches Kranken-Hospital und das erste Institut mit einer Anatomie. Es war notwendig geworden, für Frankfurter Bürger ein Krankenhaus zu schaffen, denn bisher gab es nur das Hospital zum Heiligen Geist. Es ist davon auszugehen, daß in den vorangegangenen Zeiten dieses Hospital noch nach völlig anderen Gesichtspunkten geführt wurde. Das Hospital war eine Unterkunft für Kranke und alte hinfällige Menschen, die von Pflegern und einer „Siechenmutter“ versorgt wurden. Ein ständiger Arzt war nicht im Hause, er wurde nur in seltenen Fällen hinzugezogen.[66] Später entstanden auf dem Grundstück noch

Frankfurt vor 1250, Foto Institut für Stadtgeschichte, Frankfurt a. M.

[66] Lerner/Krämer/Lohne: Das Hospital zum Heiligen Geist S. 22ff.

Die Senckenbergischen Stiftsgebäude am Eschenheimer Tor, Ausschnitt aus dem Malerischen Plan von F. W. Delkeskamp, 1864

das Museum der Senckenberg Naturforschenden Gesellschaft (1821), die Senckenberg-Bibliothek und der Physikalische Verein (1887). Im Hörsaal des Physikalischen Vereins im Bürgerhospital hat der Erfinder des Telefons Philipp Reis am 26.10.1861 zum erstenmal öffentlich den Prototyp des Telefons vorgestellt. Ein Denkmal ihm zu Ehren von Friedrich Hausmann im Jugendstil (1919) steht in der Eschenheimer Anlage am Bürgergarten. Senckenberg überwachte ständig den Bau der Gebäude. Bei Besichtigung des Hospitaltürmchens am 15. November 1772 stürzte er vom Gerüst. Er war der erste aufgebahrte Tote in der von ihm erbauten, gerade fertiggestellten Anatomie; eine Ironie des Schicksals. Seine segensreichen Stiftungen wirken bis heute. Durch die Verwirklichung seiner Pläne am Eschenheimer Turm war dort ein richtiger Tempel der Wissenschaften entstanden und die Frankfurter waren stolz darauf.[67]

[67] Die Baudenkmäler in Frankurt am Main, 2. Band: Weltliche Bauten 1898, S. 326ff.

Auch bedeutende Entwicklungen für das Handwerk nahmen hier ihren Anfang. Im Senckenbergischen Stiftshaus wurde für das Winterhalbjahr 1817/18 die erste Sonntagsschule für Lehrlinge und Handwerksgesellen eröffnet, um sie „... durch einen zweckmäßigen, sonntäglichen Unterricht zur Betreibung ihres bürgerlichen, ehrbaren Gewerbes fähiger zu machen".[68] Für einen Berufsanfänger bzw. Handwerksgesellen gab es vorher keine Möglichkeiten, sich zusätzlich zur praktischen Arbeit theoretische Kenntnisse, z.B. Grundsätze der Maschinenlehre, Technologien usw., anzueignen. Lehrlinge waren auf das angewiesen, was ihnen der Meister erklärte. Die Sonntagsschule wurde zum Vorläufer der Berufsschulen und führte damit zum dualen Ausbildungssystem, welches bis heute praktiziert wird.

Im Laufe der Jahre war durch Erweiterungen bzw. Ausbau der Gebäude innerhalb des Areals am Eschenheimer Turm die nutzbare Anbaufläche des Botanischen Gartens zusammengeschrumpft. Es mußten neue Lösungen gefunden werden. Zunächst wurde der für medizinische Forschungen genutzte Teil des Botanischen Gartens in die Nachbarschaft des Palmengartens verlegt. Im Mai 1907 begann das erfolgreiche Umquartieren der Sträucher und Bäume. Es war eine hervorragende gärtnerische Leistung. Eine Attraktion war der Umzug des 300-jährigen Eibenbaumes vom alten Standort bis hin zur 3,5km entfernten Siesmayerstraße. Die ca. 900 Zentner schwere Eibe wurde aus der Erde herausgehoben, in eine 4 x 4m große Kiste verpackt und mit einer Dampfstraßenwalze über Rollen gezogen zum neuen Standort gebracht. Für die Überquerung des Platzes vor dem Eschenheimer Turm mußten die Oberleitungsdrähte der Straßenbahn entfernt werden. Auf dem weiteren Weg durch die Hochstraße wurde der Baum von den Anwohnern mit vielen bunten Bändern geschmückt, denn die Krone der Eibe war so breit, daß sie bis an die oberen Fenster der Wohnhäuser reichte. Die ganze Bevölkerung nahm interessiert an dem tagelangen Umzug teil, sogar die Kinder hatten schulfrei, damit sie dabei sein konnten. Im gleichen Jahre wurden das Bürgerhospital und die

[68] Seubert, Rolf, in: Wissen im Aufbruch – Adolf Diesterweg, Siegen 1990, S.120ff.

Philipp-Reis-Denkmal in der Eschenheimer Anlage, Foto: Gerda Hartling

Grabstätte Senckenbergs an die Nibelungenallee verlegt.[69] Das Zentrum der Wissenschaften verlagerte sich nun in die erweiterten Stadtgebiete. Nach dem teilweisen Um- bzw. Auszug der verschiedenen Senckenbergischen Institutionen wurden im Jahre 1916 die Gebäude an der Front zum Eschenheimer Turm abgerissen.

Zwischen Bleich- und Stiftstraße wurde in einem neu erstellten Zweckbau mit antikisierendem Portikus noch wäh-

[69] Derreth, Otto: Gärten im alten Frankfurt, S. 40ff. und Egle, Karl und Rosenstock, Günther: Die Geschichte der Botanik in Frankfurt am Main, S. 23, 26.

Transport der Eibe in der Stiftstraße am 23. Mai 1907, Foto: Gottfried Vömel

rend des ersten Weltkrieges (1917) das Vergnügungsetablissement Groß-Frankfurt eröffnet. Damit erwachte am Eschenheimer Turm das Nachtleben. Bis zum Jahre 1919 hatte sich dort u. a. ein Varieté mit ständig wechselnden Attraktionen etabliert. Etwa drei Jahre später war das N.O.T. „Neues Operetten-Theater" entstanden. Zum ständigen Ensemble gehörte die beliebte Soubrette Lisa Rado. Für Frankfurter war sie „die Rado". An einem Sonntagabend im Jahre 1928 nahm sie sich das Leben, vermutlich aus Liebeskummer. Ganz Frankfurt trauerte um sie, wie in einem alten Zeitungsbericht zu lesen war. Mitte der zwanziger Jahre kam auch die Kleinkunstbühne „Weinklause" in das Vergnügungsetablissement Groß-Frankfurt. Sämtliche großen Stars dieser Zeit traten dort auf. Trude Hesterberg, Fritzi Massary, Otto Reutter und viele an-

Postkarte Eschenheimer Turm vor dem Ersten Weltkrieg

Groß-Frankfurt Ufa Palast 1943, Foto: Karl Heinz Mischon

dere wurden vom Frankfurter Publikum stürmisch umjubelt. Eine bekannte Frankfurterin, Mile Braach, 1898 geboren, erzählte der Autorin einmal, daß sie dort als junge Frau den „polnischen Caruso“, Jan Kiepura, mit seiner Partnerin Martha Eggert gehört habe. Und nicht vergessen werden darf Claire Waldoff. Mit ihrem feuerroten Bubikopf, stets im „Schwarzsamtenen mit Spitzenkragen“, gastiert auch sie in der „Weinklause“. Hier trällert sie „Warum soll er nich‘ mit ihr an der Haustür‘ stehn“ und mit tiefer Wonne schrie sie das so bedeutungsvolle Lied „Hermann heeßt er und wie der Mann knutschen, küssen, drücken kann ...“ Es war jener Schlager, der dann in den dreißiger Jahren verboten wurde, da man in ihm Hermann Göring zu erkennen glaubte.[70]

Am 11. August 1929 ging im Operetten-Theater der Vorhang für immer herunter. Der Portikus wurde entfernt, um eine größere Eingangshalle zu schaffen. Bereits einen Monat später eröffnete die Ufa AG ihr erstes Tonfilmtheater in diesem Gebäude, in dem bis heute das Kino zu Hause ist. Fast in Vergessenheit geraten ist, daß die Wiege der sagenhaften „Ufa“ in Frankfurt am Main stand, damals auch Flimmerkiste genannt.[71]

Sehr beliebt war in den dreißiger Jahren an der Ecke zur Bleichstraße das Konzertcafé „Sanssouci“. Mit roter Plüschgarnitur, silbern und blauen Tapeten und weißen Wolkenstores an den Fenstern, ein Anziehungspunkt für das feine Publikum. Das noch während des zweiten Weltkrieges geöffnete Varieté „Scala“ wurde in den angrenzenden Komplex der Stiftstraße verlegt. Der Name für den gesamten Vergnügungsbetrieb ‚Groß-Frankfurt‘ blieb weiterhin bestehen. Die Filmproduktionen waren inzwischen angelaufen. Im Ufa-Palast am Eschenheimer Turm wurden alle großen Filme gezeigt, bis auch dieser den Bomben zum Opfer fiel.

Nach dem Kriegsende (1945) mußte die Stadt schnellstens wieder aufgebaut werden. Es wurden dringend Wohnungen und Büros gebraucht, die Menschen wollten aber auch wieder ins Kino gehen. Am Eschenheimer Turm wurde der ganze Komplex bis hin zur Stiftstraße neu errichtet. Es entstand der TURM-Palast. In die oberen Stockwerke wurden Büros und Wohnungen eingebaut. In einer dieser Wohnungen im 4. OG. kam es zu einem Mord, der weit über die Grenzen Frankfurts Schlagzeilen machte. Die Edel-Prostituierte Rosemarie Nitribitt wurde am 1. November 1957 erwürgt in ihrem Luxusappartement aufgefunden. Vermuteter Zeitpunkt des Mordes 29. Oktober 1957. Obwohl sich ihre Telefonnummer in Notizbüchern von Wirtschaftsführern und Politikern unter dem Künstlernamen „Rebekka“ fand, wurde dieser Mord nie aufgeklärt. Ihr kurzes Leben war später Grundlage für den Ro-

[70] Lorei/Kirn: Frankfurt und die Goldenen Zwanziger Jahre, S. 95 f.
[71] Heym, Heinrich: Frankfurts Pracht und Herrlichkeit, S. 207.

man „Rosemarie, des deutschen Wunders liebstes Kind“ von Erich Kuby, der erfolgreich verfilmt wurde.

Der wieder aufgebaute Turm-Palast war immer noch ein großes Lichtspieltheater geblieben, in dem sämtliche neu produzierten Filme zu sehen waren. Sicher werden sich noch einige Frankfurter an den überlebensgroßen Pappmaschee-King-Kong erinnern, der auf dem Bürgersteig vor dem Kino für einen Horror-Film in Farbe und Breitwand warb, ein viel bestauntes Unikum.

Es gab noch mehr Vergnügungsstätten im Bannkreis des Eschenheimer Turmes. Auch der nächste Gebäudekomplex Ecke Stiftstraße/Große Eschenheimer Straße hat seine Geschichte. Schon 1358 war im Frankfurter Bürgerbuch ein Mann namens Conrad von Fischebürnen als Besitzer des Grundstückes ‚Eck an der Schlimmenmauer‘ verzeichnet.[72] Das Gelände war nur teilweise bebaut, denn als der Bankier Heinrich Mülhens im Jahre 1802 das Anwesen aus Günderrodeschem Besitz kaufte, mußte das alte Gebäude abgerissen werden. Heinrich Mülhens war bereits im Jahre 1794 mit seinem Bruder Johann Theodor und mit einem Troß von Dienern, Kutschern und Mägden auf der Flucht vor der französischen Besetzung von Koblenz in die neutrale Reichsstadt Frankfurt gekommen. Die beiden wohlhabenden Bankiers hatten den größten Teil ihres Barvermögens mitgebracht. Sie waren die Brüder von Wilhelm Mülhens, dem Gründer von „4711 – Kölnisch Wasser“. Trotz ihres beträchtlichen Vermögens mußten auch sie mit dem Kauf eines Grundstücks warten, bis ihnen das Bürgerrecht erteilt wurde. Bekanntlich war das in Frankfurt nicht leicht zu erhalten. Erst nachdem sie Frankfurter Bürger geworden waren, konnten sie endlich den erwünschten Grundbesitz erwerben. Sie beauftragten den französischen Architekten Salins de Montfort, der sich ebenfalls in Frankfurt niedergelassen hatte, ein repräsentatives großes Wohnhaus im klassizistischen Stil Ecke Stiftstraße/Große Eschenheimer Straße für ihre Familien zu errichten. Von Anfang an war das Haus Mittelpunkt bedeutender Ereignisse. Jeweils in der Winterzeit von 1815–1824 (ausgenommen 1820/

[72] Battonn, Joh. Georg: Oertliche Beschreibung der Stadt Frankfurt am Main, 6. Heft 1871, S. 179.

21) residierte der große Staatsmann Hch. Friedrich Karl Reichsfreiherr vom und zum Stein im Palais seines Freundes Johann Theodor Mülhens, war er doch von hier aus der Deutschen Bundesversammlung nahe, welche nur ein paar Häuser weiter im Thurn- und Taxisschen Palais tagte. Hier wurde Mitte des 19. Jh. Deutsche Geschichte geschrieben. Minister Freiherr vom Stein wurde auf Grund seiner großen Verdienste um die Stadt Frankfurt im Jahre 1816 die Ehrenbürgerschaft verliehen.[73] Ab Juli 1848 nahm der Reichsverweser Erzherzog Johann von Österreich für einige Zeit Wohnung im Mülhensschen Palais, welches inzwischen in den Besitz von Franz Joseph Borgnis übergegangen war. Als anno 1849 der Reichsverweser wieder, diesmal zu einem großen Schützenfest nach Frankfurt kam, gab es bei der Begrüßung durch das Empfangskomitee eine kleine Panne, die Friedrich Stoltze in seiner unnachahmlichen Art in einer köstlichen Geschichte „Der Stoppezieher" festgehalten hat. Damals wurden vom Süden nach Fankfurt kommende prominente Gäste am Oberforsthaus mit Salutschüssen aus der Frankfurter Stadtkanone empfangen. Gleichzeitig sollte dem hohen Gast dort im Walde der Willkommenstrunk aus einem goldenen Becher überreicht werden, aber es war nichts drin – peinlich! peinlich! – in all dem Trubel der Vorbereitung war vergessen worden, einen Korkenzieher einzupacken. Erzherzog Johann rettete die Situation, indem er großzügig auf den Trunk verzichtete.

Kehren wir nach dem Ausflug in den Wald zurück in die Große Eschenheimer Straße zum Mülhensschen Palais. Der Gebäudekomplex wurde im Jahre 1852 vom Bürgerverein übernommen. Der unter Führung von Dr. Heinrich Hoffmann schon 1848 gegründete Verein benötigte gemäß seiner Satzungen zum ‚Zweck der Unterhaltung, Belehrung, Erholung durch Lesemöglichkeiten, mündlichen Gedankenaustausch und Vorträge' eine passende Unterkunft. Entsprechend der neuen Nutzung mußte das Haus umgebaut werden. Es sah viele glanzvolle Bälle und gastronomische Höhepunkte, bis der Bürgerverein 1927 in die Bockenheimer Landstraße Nr. 76 umzog. Jetzt wurde auch ein richtiger Speisesaal eröffnet, denn in den übrigen Räumlichkeiten waren nur Getränke

[73] Schembs, Hans-Otto: In dankbarer Anerkennung, S. 23.

und ein kleiner Imbiß (Frankfurter Würstchen) gestattet. Das hat den unermüdlichen Frankfurter Berichterstatter, Friedrich Stoltze. bewogen, seine Meinung dazu in Gedichtform niederzuschreiben. Hier ein Auszug aus „Die Bratwurst" (Wahrhaftige Begebenheit aus dem Bürgerverein zu Frankfurt 1856):[74]

Billjardsääl un Spielgemächer
Sein for Esser un for Zecher
Net die rechte Reimlichkeite
Drum is deß net mehr zu leide;
Schickt sich net! Dann daderrfor
Eigent sich der Speissaal nor.

Daderrnach is sich zu richte
Un dem Vorstand beizuflichte
Außerm Speissaal is verbotte,
Sei's gebrate sei's gesotte,
Alles Esse iwwerhääbt,
Nor e Bratworscht is erlääbt.

So e Bratworscht muß indesse
Jeder ohne Gawel esse;
Nor die rechte Händ und linke
Sin als Gawle mit finf Zinke
Noch gestatt', – un deß is gut,
Weil sich kääns da steche dhut.

Un die Parrer un Soldate,
Mediziner, Advokate,
Owerlehrer un Professer
Stadtamtmänner un Assesser
Un der ganze Hannelsstand
Frißt sei Wörschtche aus der Hand.

Un die Ratsherrn un die Richter
Un die Maler un die Dichter,
Komponiste, Schornaliste,
Apedheker un Drogiste
Un Student un Komedjant
Frißt sei Wörschtche aus der Hand.

[74] Stoltze, Friedrich: Gedichte und Erzählungen in Frankfurter Mundart, S. 212.

Un sie dhun euch Biß! Schwerhacke!
Un deß spritzt un dhut euch knacke!
Un die Worscht werrd immer klääner,
Un es jammert mehr wie Ääner:
Ach, was mecht merr sich so fett!
Wann ich nor e Gawel hätt!

1881 brannte es in dem vom Bürgerverein umgebauten Palais. Beim Wiederaufbau erhielt das Haus eine mit dem Eschenheimer Turm korrespondierende Eckrotunde mit großer Kuppel.

Im nach der Stiftstraße gelegenen Nordflügel des ‚Mülhensschen Palais' entstand nach Auszug des Bürgervereins das pompöse „Hemberger-Casino" mit einer exklusiven Tanz-Bar, in der bis in die NS-Zeit hinein noch Jazz zu hören war. Viele große Persönlichkeiten und interessante Menschen sind in dem Haus Große Eschenheimer/Ecke Stiftstraße ein- und ausgegangen, bis es im letzten Krieg durch Bomben zerstört wurde. Heute steht an dieser Stelle das Rundschau-Haus.[75] Auch die von Leopold Sonnemann 1856 gegründete „Frankfurter Zeitung" hatte, bis zu dem 1944 von Hitler ausgesprochenen Verbot, ihren Sitz in der Großen Eschenheimer Straße, gegenüber dem Thurn- und Taxisschen Palais. Auf der linken Seite dieser Straße war am 23. Juni 1758 Lili Schönemann, die erste Braut Goethes, geboren worden.[76] Etwa hundert Jahre später waren dann in diesem Haus Büro und Expedition der von Friedrich Stoltze herausgegebenen *Frankfurter Latern* untergebracht. In seiner Ausgabe Nr. 26 von 1863 läßt er die bekannte Figur des stets räsonierenden Herrn Hampelmann bedeutungsvoll feststellen, daß die Zeitungen in „...dere Eschemer Gaß... daß se all mit enanner net uff dem Bundesdag seiner Seit sin, sonnern uff de annern, gegeniwwer, uff der Linke." (Zu dieser Zeit war das rechtsseitige

Das Mülhenssche Haus Große Eschenheimr Gasse 74, Versammlungsstätte des Bürgervereins, Briefkopf um 1910, Institut für Stadtgeschichte, Frankfurt a. M.

[75] Klötzer, Wolfgang: Zu Gast im alten Frankfurt, S. 88 und 133.
[76] Heym, Heinrich: Lebenslinien, Bd. II, S. 86.

Das Schröder'sche Haus am Eschenheimer Tor 1891, Kleine Presse, 1896

Thurn- und Taxissche Palais Sitz des Deutschen Bundestages – A.d.V.)

Auf dem Wege rund um den Eschenheimer Turm sind wir bereits auf der westlichen Seite der Großen Eschenheimer Straße angekommen. Im Belagerungsplan der Stadt Frankfurt von Konrad Faber (1552) ist zu erkennen, daß dieses Gelände am nördlichen Ende der Straße schon damals bebaut war. Nach dem endgültigen Durchbruch der Schillerstraße bis zum Eschenheimer Turm ließ um 1890 der Kolonialwarenhändler Adolf Schroeder – Große Eschenheimer Straße Nr. 45 / Schillerstraße Nr. 46 – das heute noch bestehende neobarocke Wohn- und Geschäftshaus mit seinen beiden Eckrotunden erbauen. Bereits am 4. März 1879 war die neue Börse auf dem Gelände des Rahmhofes fertiggestellt und eröffnet worden. Bald hatten die Frankfurter einen neuen Namen für die Börse gefunden: „Babierchestempel". Mit dem Bau der Börse mußte eine entsprechende Straßenführung von der Hauptwache (damaliger Schillerplatz) bis hin zum Eschenheimer Turm geschaffen werden.[77] Die Schillerstraße, wie wir sie heute kennen, führte jetzt von der Hauptwache östlich am Börsenplatz vorbei zum Eschenheimer Turm. Sie wurde bereits im Mai 1878 für den Verkehr freigegeben und sollte recht schnell zu einer sehr belebten Geschäftsstraße Frankfurts werden. Es mußte nicht nur eine Straße zur Börse geschaffen werden, es war auch eine Lösung für die ab 12.5.1888 eröffneten Pferdebahnen auf Schienen notwendig geworden. Bald nach der Elektrifizierung mußten sie in Straßenbahnen umgewandelt werden. Die schon damals sehr verkehrsreiche Große Eschenheimer Straße war einfach zu schmal, um auch noch die Straßenbahn hindurchzuführen. Daher wurden die Schienen für die Bahn durch die breitere Schillerstraße gelegt. U.a. haben die elektrisch betriebenen Straßenbahnen, in Frankfurt liebevoll auch „Trambahn" genannt, viel dazu beigetragen, daß die Stadt sauberer und die Luft besser wurde. Angesichts der Tatsache, daß damals mehr als 600 Pferde täglich auf Frankfurts Straßen unterwegs waren, müssen da doch sehr viele Pferdeäpfel gefallen sein – nur die Spatzen konnten sich darüber freuen.

Schon bald entstanden in der Schillerstraße monumentale Geschäftshäuser und Läden, in denen es Dinge für alle Bereiche des Lebens zu kaufen gab. Und In den oberen Geschossen der Häuser waren recht schnell angesehene Ärzte, Anwälte und verschiedene Büros untergebracht. In den Einkaufspausen stand dem Publikum jeweils eines der gemütlichen Cafés zur Verfügung. Mit ihrem vielfältigen Angebot hatte sie sich zu einer der beliebtesten Einkaufsstraßen Frankfurts entwickelt. Täglich kamen viele Frankfurter in das imposante Geschäftshaus Schillerstraße 19–25 mit den Kolossalsäulen und den darüber angebrachten Puttengruppen, um im dortigen Verkaufsraum die kostenlos zur Verfügung gestellten Tageszeitungen zu lesen und dabei mit anderen Anwesenden über die Ereignisse des Tages zu diskutieren. Ab 1912 hatte der Frankfurter General-Anzeiger, die heutige Neue Presse, in diesem Haus sein Domizil aufgeschlagen. Die alte Herberge am Roßmarkt, das „General-Anzeiger-Eck", war für den Verwaltungs-

[77] Schrotzenberger, Robert: Frankofurtensia, S. 28 und 217.

apparat zu klein geworden. Leider hat sich in den letzten Jahren das Bild der nördlichen Schillerstraße gewandelt. Durch Änderung der Strukturen im Straßenverkehr, leerstehende Gebäudekomplexe, Baustellen über lange Zeiten u.ä. war der Lebensnerv dieses Teiles der Schillerstraße, und zwar vom Börsenplatz bis hin zum Eschenheimer Turm getroffen. Nur wenige alteingesessene Firmen sind geblieben. Die vielen Wiederbelebungsversuche der verbliebenen Firmen haben bis heute noch zu keinem dauerhaften Erfolg geführt. Immerhin ist der ab September 1995 jeweils am Freitag stattfindende Wochenmarkt mit Obst, Gemüse und Lebensmitteln direkt vom Erzeuger inzwischen zu einer beliebten Einkaufsquelle vieler Frankfurter geworden.

Am Eschenheimer-Tor-Platz endet die Schillerstraße. Auf der westlichen Seite, an der Ecke zur Taubenstraße, entstand das im neobarocken Stil erbaute Haus Ravenstein. Bauherr war der Architekt Simon Ravenstein, Sohn des bekannten Kartographen und Verlegers August Ravenstein, auch Turnvater genannt, denn er verhalf in Frankfurt der Jahnschen Turnbewegung zum Durchbruch. Im ersten Stock des Hauses Ravenstein unter der Eckrotunde war ein Relief mit der Legendenfigur des Eschenheimer Turmes ‚Hans Winkelsee' angebracht. Leider wurde das schöne Haus im Krieg durch Bomben zerstört. Wie erzählt wurde, blieb die Figur erhalten, ist aber in den Nachkriegswirren verschwunden. Nach dem Krieg entstand dann an gleicher Stelle ein 7-stöckiges Geschäftshaus, mit der für damalige Zeiten aufwendigen und vielbestaunten Lichtreklame einer Fluggesellschaft.

Auf unserem Rundgang um den Eschenheimer Turm kommen wir nun zur Hochstraße, die wie die Bleichstraße zu den sogenannten Wallstraßen gehört.[78] Diese Straße wurde auf einem der früher um die Bastionen laufenden „nassen Gräben" angelegt. Auf der südlichen Seite dieser Straßen, d.h. zur Innenstadt hin, verlief in alter Zeit die Stadtmauer. Leider ist davon nichts mehr zu erkennen. Zur Erinnerung ist am Übergang Taubenstraße zur Hochstraße wenigstens ein kleines Stück Mauer errichtet worden. Unter Leitung von Stadtbau-

[78] Wallstraßen: Lange Straße, Seilerstraße, Bleichstraße, Hochstraße und Neue Mainzer Straße.

Steinfigur Hans Winkelsee am Haus Ravenstein

Haus Ravenstein, Schillerstraße 31, Foto: Institut für Stadtgeschichte, Frankfurt a. M.

meister Joh. Friedrich Hess d.J. war ab 1832 in der Hochstraße eine Straßenfront mit aneinander gebauten Wohnhäusern im sachlichen klassizistischen Stil entstanden. Es waren komfortable Mietwohnungen für die betuchten Familien (Ärzte und Notare) der Stadt. In dem Haus in der Hochstraße Nr. 45 wohnte in den 50er Jahren des vorigen Jahrhunderts der Arzt und Vater des „Struwwelpeter", Heinrich Hoffmann, bis er in die neu erbaute Irrenanstalt – Richtfest 10. Oktober 1861 – übersiedeln konnte. In der Hochstraße Nr. 45 wohnte auch für kurze Zeit, vom Sommer bis Herbst 1851, Otto von

Blick von der Hochstraße auf das „Bayerhaus" mit einem Stück nachgebauter Stadtmauer, 1954, Historisches Museum Frankfurt a. M.

Bismarck, damals noch preußischer Gesandter. Eine köstliche Zeichnung liefert uns Alfred Hendschel (8.6.1834–22.10.1883) in seinem Skizzenbuch: es könnte Bismarck sein, mit Jagdhund in der Hochstraße spazierengehend, vorn das besetzte Wachhäuschen, davor der salutierende Schusterjunge; kein historisches Dokument, aber einzigartig in seiner liebenswürdigen und humorvollen Darstellung.

Um die Wende zum 20. Jh. wurde an der Ecke Hochstraße/Taubenstraße das alte im klassizistischen Stil gebaute Wohnhaus abgerissen. Es entstand ein neues Wohnhaus mit Front zum Eschenheimer Turm. Mit seinen Eckrotunden und Zinnen korrespondierte es mit den Häusern seiner Nachbarschaft am Eschenheimer-Tor-Platz. Bevorzugt wurden wieder die historisierenden Bauformen, der nüchterne klassizistische Baustil war im Abklingen. An der nördlichen Seite der Hochstraße befanden sich im Erdgeschoß des großen Eckhauses einige Läden, u.a. war die „Apotheke am Eschenheimer Turm" dort eingezogen. Es war die erste Apotheke in Frankfurt, die sich aus dem Zentrum der Innenstadt herausgewagt hatte. Die Eröffnung am 8. Juni 1897 hatte zunächst in der Neuen Taubenstraße Nr. 4 stattgefunden, aber bald erfolgte der Umzug in die Hochstraße Nr. 1–3. Im Jahre 1936 kaufte der Pharmazierat Hermann Reitberger die Apotheke, welche später von

Blick von der Hochstraße auf den Eschenheimer Turm um 1880, Historisches Museum Frankfurt a. M.

seinem Sohn weitergeführt wurde. Viele Arzneimittel wurden im eigenen Labor hergestellt, so der beliebte noch heute dort zu erstehende „Frankfurter Magendoktor". Leider wurde auch dieses Haus im Krieg durch Bomben zerstört. Nun steht ein modernes Bürohaus mit der Apotheke an dieser Stelle, die von Dr. Wolfgang Schatton im Jahr 1993 übernommen wurde. Er hatte eine ausgefallene aber großartige Idee, und zwar sollte direkt vor der Apotheke am Straßenrand auf einem Hochbeet ein kleiner Kräutergarten mit erklärender Beschriftung der Pflanzen entstehen, um vorübereilende Stadtbewohner mit verschiedenen Heilpflanzen vertraut zu machen. Inzwischen gedeihen die Pflanzen auf dem Beet trotz des starken Verkehrs an dieser Kreuzung. Außerdem wird im Labor der Apotheke Meeresforschung betrieben mit dem Ziel, aus Schwämmen antibiotische Wirkstoffe zu exstrahieren. Es soll hier festgehalten werden, daß auch heute noch, wie zu Senckenbergs Zeiten, am Eschenheimer Turm Forschung betrieben wird.

Wie ein schöner Stern mit seinen funkelnden Spitzen sind Gebäude, Straßen und Anlagen um den Eschenheimer Turm geordnet. Die Wallanlagen bildeten einen geschlossenen Ring um das alte Frankfurt. Diese Geschlossenheit ging mit Beginn der Entfestigung zunehmend verloren. Anfänge der Entfestigung bereits im Jahr 1794. Schleifung der Wallanlagen ab 1804. Aufruf an die Bürger zur Mitarbeit am Demolitions-Geschäft, 28.11.1805.[79] Geblieben ist uns der Anlagenring, der die heutige Stadtmitte umschließt, so daß der Mittelpunkt des Ringes, der Eschenheimer Turm, als Eingangstor zur Frankfurter Innenstadt bezeichnet werden kann. Mit seinem starken Verkehrsfluß ist an dieser Stelle einer der schwierigsten Verkehrsschnittpunkte Frankfurts entstanden. Auch der Göpfert-Brunnen konnte nicht dazu beitragen, die unterbrochene Linie der Wallanlagen wieder herzustellen. Am Eschenheimer Turm begegnen sich Mittelalter und Neuzeit. Es müssen Lösungen gefunden werden, dem historischen Gelände einen würdigen Rahmen zu geben.

Falsch verstanden

Die Hochstraße aus Alfred Hendschels Skizzenbuch

Mit Beginn der endgültigen Demolierung der hiesigen Wallanlagen ab 1807 wurde ein Teil des Geländes an Frankfurter Bürger verkauft. Die Einnahmen sollten zur Verschönerung der neu entstehenden Anlagen dienen. Bei Bebauung

[79] Die Wallanlagen in Frankfurt am Main, in: Broschüre Stadt Frankfurt am Main, Garten- und Friedhofsamt, S. 11ff, 52f.

Das Nebbiensche Gartenhaus um 1930, Institut für Stadtgeschichte, Frankfurt a. M.

und Benutzung der Grundstücke hatten die Käufer auf Grund des von der Stadt festgelegten Wallservituts einige Auflagen zu beachten.[80] Aber die Gelegenheit war günstig, sich am Rande der engen Innenstadt ein Gartenhaus ins Grüne zu stellen oder auch nur einen eigenen Bleichgarten zu haben. Über 600 Gartenhäuser sollen in dieser Zeit entstanden sein.[81] Eines davon blieb uns bis heute erhalten, das Nebbiensche Gartenhaus, an der Spitze des früheren Bauernbollwerks, der heutigen Bockenheimer Anlage, gleich neben dem Eschenheimer Turm. Der Verleger Johannes Markus Nebbien, Inhaber der „Frankfurter Frag- und Anzeigungsnachrichten", hatte genügend Vermögen, ein Grundstück in den neu angelegten Wallanlagen zu erwerben. Das restaurierte Nebbiensche Gartenhaus mit seiner kleinen wohlgestalteten Anlage und dem italienischen Barockbrunnen ist auch heute noch eine besondere Attraktion. Es wird von einem Künstlerverein für Gemäldeausstellungen, Vorträge und Lesungen genutzt. Etwas erstaunt schaut es auf das ihm gegenüberliegende Schwimmbad mit seinem denkmalgeschützten geschwunge-

[80] Wallservitut = Dienstbarkeit/Gesetz betr. Bebauung und Benutzung ehem. Wallgrundstücke in Frankfurt am Main.
[81] Kirn, Richard: Frankfurt – so wie es war, Text zu Bild 156.

nen Wellendach, welches sich inzwischen um ein repräsentatives Fünf-Sterne-Hotel mit 12 Stockwerken erweitert hat.[82]

Die Wallanlagen zwischen dem Eschenheimer- und dem alten Bockenheimer-Tor, heute Platz der Alten Oper, hatten sich zu Beginn des 19. Jh. zu einer illustren Promenade entwickelt, worüber uns der 1789 in Frankfurt in der Fahrgasse geborene Johann Konrad Friederich berichtet. Er war ein scharfzüngiger Chronist und schonungsloser Kritiker der Zustände seiner Zeit. Da er zeitweise vor dem Eschenheimer Tor in einer hübschen Gartenwohnung lebte, hat er das tägliche Leben und Treiben auf dieser Promenade beobachten können, worüber er in seiner lebhaften Art berichtet: „Jetzt läutet es Mittag auf dem Katharinen- und allen andern Türmen, und die modernsten prächtigsten Karossen rollen unter dem alten gotischen Turme des Eschenheimer Tores, in einer endlosen Reihe, nach dieser Promenade. Zu gleicher Zeit drängen sich Reiter und Reiterinnen, Fußgänger und Fußgängerinnen in bunter Menge und im elegantesten Aufzuge nebeneinander dahin. Wer eine neue Mode aufbringen, ein neues Kleid, Shawl, Putzhüte, Equipagen, Pferde usw. zeigen will, der eilt, mit der Zwölfuhrglocke sich und seinen Anzug zu produzieren. Vor dem Tore steigen die in Equipagen angekommenen Damen aus und mischen sich unter die übrigen Spaziergänger, um sich begaffen zu lassen und wieder zu begaffen: nur die Reiter bleiben auf ihren oft sehr schönen Rossen gewöhnlich sehr schlecht sitzen und kapriolieren längs den Barrieren auf und ab. Man betrachtet und mustert sich nun gegenseitig von Kopf bis auf die Zehen und beneidet, beredet oder belacht sich. Der Aufwand ist unglaublich, und man sieht wenig oder fast keinen Flitterstaat, sondern die kostbarsten und solidesten Zeuge, Pelze, Seidenspitzen, Federn, Brillanten usw. werden da zur Schau getragen; wer sich mit sogenanntem Firlefanz behängt zeigt, wird sogleich für leichte Ware, unsolid oder fremd erklärt und mitleidig belächelt. Bis gegen halb ein Uhr nimmt das Gedränge mit jeder Minute zu und wird zuletzt so arg, daß man kaum mehr einander ausweichen kann. ... Zweimal in dem nämlichen Kleide, Hut usw. hier zu er-

[82] Das denkmalgeschützte Wellendach des Schwimmbades ist Symbol für das neue *Hilton* Frankfurt in der Hochstraße.

Frühlingsanfang vor dem Eschenheimer Tor, für die „Kleine Presse" gezeichnet von A. Ruehl, 1898

scheinen, würde schlechten Ton oder gar Mangel an Überfluß verraten. Gerät zufälligerweise ein Fremder hierher oder gar fremde Damen, die mit den herrschenden Sitten, Anstand und Gebräuchen unbekannt sind, dann wehe diesen Armen! Sie sind das Stichblatt aller übrigen: die jungen Fashionables lorgnieren sie mit ihren Guckgläsern auf eine durchbohrende Art, zucken die Achseln, sprechen ein paar Worte mystisch und machen sich mit den mitleidig lächelnden Damen über sie lustig. Gegen ein Uhr, wenn man sich mindestens 20 bis 30 mal begegnet und sattsam beäugelt hat, fängt man an, sich zu entfernen; die Promenade wird immer leerer, und um halb zwei ist alles wie ausgestorben. Das Ganze scheint ein Traum gewesen zu sein, wie denn auch wirklich alle geträumt, hier eine recht wichtige Rolle gespielt zu haben, ohne zu bedenken, daß sie selbst, nebst allen ihren Herrlichkeiten, eben dem Staube, den sie gemacht, angehören und über kurz oder lang demselben ganz ähnlich sein werden. ...Nur einer bleibt sich immer gleich und belächelt die Torheit der Menschen schon seit vielen Jahrhunderten. Der ehrwürdige Greis, den ich meine, ist der fünfköpfige bemooste Turm, welcher in stolzer Ruhe von oben herab das tägliche Tun und Treiben der erbärmlichen Menschheit beobachtet....“[83] Auch später blieb dieser Teil der Promenade nahe dem Eschenheimer Turm ein beliebter Treffpunkt der Frankfurter. Gegen Ende des 19. Jh. wurden an verschiedenen Stellen in der Stadt, meist in den Anlagen, Wettermeßstationen mit Thermometer und Barometer angebracht. Auch damals war es den Menschen wichtig zu wissen, wie das Wetter wird. In einem in der ‚Kleinen Presse‘ veröffentlichten Bild ist die Wettermeßstation vor dem Eschenheimer Tor zu sehen. Gleichzeitig gibt das Bild einen kleinen Modebericht dieser Zeit.

Auf der nördlichen Seite entlang der Wallanlagen war die Promenadenchaussee entstanden, eine vornehme Wohngegend. Hier hatte sich Moritz von Schwind, Historienmaler deutscher Sagen und Märchen, 1845 ein zweistöckiges Wohnhaus erbaut. Unter den Zwillingsfenstern saßen Relieftafeln, die nackte Knaben auf Hirschen im Gehölz reitend darstellen, unverkennbar nach Schwinds Holzschnitten altdeutscher Märchenszenen gearbeitet.[84] Eines seiner berühmten Gemälde, „Sängerkrieg auf der Wartburg“, wurde 1846 in Frankfurt vollendet. Bereits ein Jahr später folgte er dem Ruf der Kunstakademie nach München. Daß er auch Humor hatte, bezeugt die weniger bekannte, sehr eigenwillig, aber interessant dargestellte „Katzensymphonie“, wobei er die Notenzeichen durch schwarze hüpfende und springende Katzen ersetzte. Moritz von Schwind hat nur kurze Zeit in Frankfurt gelebt, aber noch heute ist an dem Haus, jetzt Bockenheimer Anlage Nr. 3, welches die Zeiten ohne große Schäden überstanden hat, eine Gedenktafel angebracht. Im „Frankfurter Fassaden-Wettbewerb 1985“ wurde das Schwind-Haus ausgezeichnet.

Auf dem Rundweg kommen wir nun zum nördlichen Teil des Platzes um den Eschenheimer Turm. Hier beginnt auf alten, schon seit Jahrhunderten benutzten Wegen die nach dem

[83] Ebrard, F. C. und Liebmann, Louis: Johann Konrad Friederich, ein vergessener Schriftsteller, S. 257f.
[84] Vogt, Günther: Frankfurter Bürgerhäuser, S. 161.

Katzensymphonie von Moritz von Schwind, 1866 gezeichnet für den „Orden der Schwarzen Katze“, einer Gründung von Robert und Clara Schumann

Dorf Eschersheim führende Eschersheimer Landstraße. Mit leichtem Knick nach Nord-Osten führt der Oederweg zum heutigen Holzhausen-Schlösschen, früher die Holzhausen Oed genannt.[85]

Wie bereits geschildert, sollten die alten Wälle nach Abbau und Schleifung der nicht mehr zeitgemäßen Bastionen ab dem 18. Jahrhundert in einen Grüngürtel um Frankfurt umgewandelt werden, was mit erheblichen Kosten verbunden war. Viele Jahre mußten vergehen, bis der Anlagenring fertigge-

[85] Oed = alte Bezeichnung für Gut.

Dampf-Straßenbahn in der Eschersheimer Landstraße, aus einem Wandkalender für das Jahr 1889

stellt und Bäume, Sträucher und Blumen angewachsen waren. Nur zögernd begannen die Bürger, sich jenseits des schützenden Grüngürtels in der damals noch nicht so breiten Eschersheimer Landstraße und im Oederweg anzusiedeln, denn inzwischen war der Platz zum Wohnen in der Innenstadt eng geworden. So entstanden schnell neue Wohngebiete außerhalb des Grüngürtels. Schon bald wurde erkennbar, daß am Eschenheimer Turm einer der großen und wichtigen Verkehrsknotenpunkte der Stadt entstehen würde. Auf der östlichen Seite des Eschenheimer-Tor-Platzes standen noch die Pferdedroschken vor den großen Platanen, von denen bis heute noch zwei erhalten sind. Die erkennbar gekleideten Kutscher waren in glanzrote Westen gehüllt und trugen steifgelackte schwarze Hüte mit Regenrinne.

Mit Umstellung der Pferdebahnen auf die elektrifizierte Straßenbahn wurden durch die Mitte des Platzes nördlich des Turmes die notwendigen Schienen verlegt. Seitwärts zur Bokkenheimer Anlage hin befand sich noch bis zum Jahre 1908 die Abfahrtstelle der Dampf-Straßenbahn der Frankfurter Lokalbahn A.G. Sie fuhr dampfausstoßend entlang der Eschersheimer Landstraße bis nach Eschersheim, vorbei am 1888 erbauten Hoch'schen Konservatorium (Haus Nr. 4), wo zuvor schon ein im spätklassizistischen Stil erbautes Wohnhaus gestanden hatte, welches abgerissen werden mußte. Das Konservatorium ist eine bis heute wirkende Stiftung zur Förderung der Musik von Dr. Joseph Hoch, einem hochherzigen Frankfurter. Anfänglich wurde eine solche Bahn mit den etwas längeren Strecken wie nach Eschersheim und nach Offenbach „Knochemühl" genannt, denn die Fahrgäste wurden auf diesen Wegen ganz schön durchgeschüttelt. Die Federungen bzw. Stoßdämpfer für die Wagen waren noch entwicklungsbedürftig. Ab 1910 wurde die Abfahrtstelle zum Taunus, inzwischen die Linien 24 und 25, an das Schauspielhaus verlegt.

Zwischen Eschersheimer Landstraße und dem Oederweg entstand das Volksbildungsheim. Es wurde am 1. Februar 1908 als Geschäftsshaus des ‚Kaufmännischen Vereins' eröffnet. Das stattliche Gebäude wurde aus rotem Sandstein mit Motiven aus Neobarock und Jugendstil erbaut. Leider hat man nach der Zerstörung durch Kriegseinwirkungen den schönen bekrönenden Giebel und das Mansarddach nicht wieder hergestellt.[86] Bereits vor dem ersten Weltkrieg hatte sich der ‚Kaufmännische Verein' aufgelöst. Die Stadt Frankfurt übernahm das Gebäude am Eschenheimer Turm. 1952 kaufte die Saalbau AG das Volksbildungsheim. Hier konnte sich der wieder gegründete Bund für Volksbildung mit seinen vielseitigen Aufgaben etablieren: Volkshochschule, Volksbücherei, Volkstheater und auch ein Saal für die Konzerte der Kunstgemeinde war vorhanden. Besondere Verdienste erwarben sich das Ehepaar Else und Wilhelm Epstein, die hier im Volksbildungsheim maßgeblich dazu beigetragen haben, die Erwachsenenbildung in Frankfurt zu ermöglichen. Wilhelm Epstein galt als strenger Verfechter politischer Neutralität in der Volksbildung, was in der NS-Zeit zu Problemen führen mußte. Im Treppenhaus des Volksbildungsheimes erinnert ein Bronzerelief, gestaltet von Knud Knudsen, an das Wirken des Ehepaares. Nach dem Umbau, wobei das Gebäude völlig entkernt wurde, hat das Relief seinen neuen Platz in der Volkshochschule Galluspark gefunden.

Seit seinem Bestehen hat das Haus eine besondere Bedeutung für die Frankfurter Bürgerschaft. Bereits nach der Eröffnung im Jahre 1908 hatte sich das Gebäude schnell zum „Hort echter Volksbildung" entwickelt, es wurde auch „eine Burg des Geistes im Herzen der Stadt" genannt.[87] Im wiederaufgebauten Volksbildungsheim waren ab 1953 verschiedene kulturelle Einrichtungen untergebracht. Gleich nach Eröffnung fand die erste Aufführung der neu gegründeten Landesbühne Rhein-Main unter Mitwirkung des Gründungsmitgliedes Liesel Christ statt. Das „Theater am Turm" (TAT), im Jahre 1963 eröffnet, wird zur Spielstätte für avantgardistisches

[86] Kalusche, Bernd und Setzepfandt, Wolf-Christian: Architekturführer Frankfurt am Main, S. 46.
[87] Ein Hort echter Volksbildung, in: FNP 19.12.1953.

Theater unter der Intendanz von Felix Müller. Ab 1966 wirken Regisseur Claus Peymann und Dramaturg Wolfgang Wiens im „Theater am Turm". Beide waren später am „Burg-Theater" in Wien. Im Jahre 1969 wird Conny Reinhold, der bekannte Kabarettist vom Resistenztheater „Die Meininger", Direktor der Volksbühne (FBfV), der u.a. die schnell beliebt gewordene Theater- und Kulturzeitung „Akt" herausbringt. Leider ist Conny Reinhold im Oktober 1974 mit 43 Jahren verstorben, ein engagierter Vollblutkabarettist, dessen Bedeutung noch heute unterschätzt wird. In der Spielzeit 1974/75 hat dann Rainer Werner Fassbinder im TAT vier Stücke inszeniert. Außerdem fand die erste Vorstellung des „Frankfurter Volkstheaters", von Liesel Christ geleitet, am 18. Juni 1971 im Volksbildungsheim statt.[88] Erst 1975 hat dieses Theater nach stürmischer Odyssee seine endgültige Bleibe im Großen Hirschgraben gefunden.

Bei all den Möglichkeiten zur Fortbildung durfte auch das Vergnügen in dem Hause des Bürgers nicht zu kurz kommen. Da ein großer Festsaal mit Bühne (1.400 Personen) sowie ein kleiner Saal (300 Personen) vorhanden waren, fanden dort zur Fastnachtszeit herrliche Maskenbälle für Erwachsene und Kinder statt, und alle konnten durch das ganze Haus toben. Bereits vor dem letzten Krieg veranstaltete der Karnevalverein „1911er" seine Sitzungen im Volksbildungsheim. Das erste Faschingstreiben nach dem Krieg wurde am 20. Januar 1946 in den Trümmern des Volksbildungsheimes, d.h. im Keller, dem sogenannten „Dachsbau", abgehalten. Nach dem Wiederaufbau fanden dann Maskenbälle und die beliebten „Ebbelwei"-Sitzungen in den neu erstandenen Sälen statt. Unvergessen bleibt der Sitzungspräsident des Carnevalclubs „Laternche", Hans Weidenfeld, der über 30 Jahre die Veranstaltungen mit Spritzigkeit und farbiger Dramaturgie leitete. Für die Gastronomie bei allen Veranstaltungen war der „Dippegucker"-Wirt Willy Berger mit seiner Frau Anette zuständig. Im Jahre 1969 hatten sie mit viel Engagement die Gaststätte Weil im Erdgeschoß des Volksbildungsheimes übernommen. Das Lokal wurde recht bald zu einem beliebten und viel besuchten Eßlokal. Eine interessante Idee war es, während der

[88] Schembs, Hans-Otto: Vom Saalbau zu den Bürgerhäusern, S. 256.

Fastnachtskampagnen, die jeweils unter einem speziellen Motto standen, die entsprechenden Gerichte anzubieten. Beispielsweise beim Jazz-Fasching Speisen aus der typischen Kreolischen Küche bis hin zum Frankfurter Rippchen mit Kraut bei den „Ebbelwei"-Sitzungen. Im Erdgeschoß gab es außerdem noch die gemütliche „Kutscherkneipe", die für die endlos Durstigen bis zum nächsten Morgen geöffnet hatte.

Das Volksbildungsheim, ein großartiges Haus mit seinen vielseitigen Einrichtungen, fällt leider dieser Tage unserer schnellebigen Zeit zum Opfer. Das Gebäude gilt als bautechnisch überholt und soll auf den neuesten Stand gebracht werden, indem es völlig entkernt wird und nur die denkmalgeschützte Fassade bestehen bleibt. Die neuen Besitzer planen hier einen Premieren-Filmpalast „Metropolis", mit 12 Kinosälen und ca. 3.300 Sitzplätzen zu eröffnen.

Wir überqueren den Oederweg, die Eschenheimer Anlage und kommen zu den Wallanlagen an der östlichen Seite des Eschenheimer-Tor-Platzes. Hier steht einige Meter in die Anlagen hineingesetzt, das Philipp-Reis-Denkmal. Dieser Standort ist vielleicht deshalb gewählt worden, weil Philipp Reis seine Vorträge über die Entwicklung des Telefons im Physikalischen Verein am Eschenheimer Turm gehalten hat. Dahinter führt eine kleine Treppe zu dem etwas versteckt liegenden und heute leider vernachlässigten Bürgergarten. Dieser Tiefgarten – auf der Ebene des „nassen Grabens" – wurde Ende 1982 eröffnet. Seine Gestaltung spiegelt die Atmosphäre bürgerlicher Frankfurter Wallgärten in der ersten Hälfte des 19. Jahrhunderts wieder.

Seitlich des Eschenheimer-Tor-Platzes entstand in architektonisch-ästhetischer Nachbarschaft zum alten Wach- und Wehrturm das Bayer-Haus mit seinem interessanten überstehenden Pultdach. Hier stehen sich ein sehr alter und ein moderner Zweckbau gegenüber. Das von den Farbenfabriken Bayer–Leverkusen errichtete Haus wurde 1952 als einer der ersten großen Verwaltungsbauten der 50er Jahre in Frankfurt eröffnet. Eine ausgefallene Idee war es, im achtgeschossigen Haus einen Paternoster (Aufzug mit offenen Kabinen) einzubauen, der noch heute funktioniert und gerne benutzt wird. Im 7. OG. des Gebäudes gab es bis 1995 einen Speisesaal mit großen Fenstern und dem passenden Namen „Luginsland".

Von dort geht der Blick auf den zum Greifen nahen Turm und zwei weitere in dieser Zeit entstandene Verwaltungsbauten: das von der Oberpostdirektion erstellte 75 m hohe Fernmeldehochhaus und das 1955/56 erbaute Gebäude der „Landwirtschaftlichen Rentenbank“[89] in der Hochstraße Nr. 2, welche miteinander korrespondieren. Zu dieser Gruppe der Verwaltungsbauten/Bürohäuser gesellte sich in der Bleichstraße Nr. 64–66 im Jahre 1974 das Young & Rubicam Hochhaus (Höhe 70 m), welches inzwischen saniert und auf den neuesten Stand der Technik gebracht wurde. Eine besondere architektonische Leistung ist, daß der klassischen Konstruktion im Stahlbeton-Skelettbau eine Glas-Aluminium-Fassade vorgehängt wurde. Das so neu gestaltete „Hochhaus am Turm“ ist in seiner endgültigen Ausführung ein herausragendes Objekt. Hier muß festgehalten werden, daß diese Gebäude um den Eschenheimer Turm, einschließlich dem 1961 fertiggestellten Zürich Hochhaus (67 m), die Anfänge der „Frankfurter Silhouette“ dokumentieren.

Mit der Bleichstraße sind wir nun am Ende des Rundganges um den Eschenheimer Turm angelangt. Die Frage, wie der Eschenheimer Turm zum Wahrzeichen der Stadt werden konnte, ist nur so zu beantworten, daß es dafür viele Gründe gibt: Erstens besitzt der Eschenheimer Turm eine in Jahrhunderten gewachsene Umgebung, zweitens ist er heute noch mehr als früher ein Verkehrsknotenpunkt und viele Straßen führen seit alter Zeit zum Turm hin. Außerdem waren um den Turm herum Gebäude entstanden, in denen sich Ereignisse abspielten, welche auf die Bürger sowie auf die Geschichte der Stadt und darüber hinaus eingewirkt haben. Der Eschenheimer Turm ist der Mittelpunkt all dessen, er ist der große „alte Wächter“, ein Wahrzeichen unserer Stadt.

[89] Bauteil 1 mit 7 Stockwerken und Bauteil 2 mit 4 Stockwerken.

Drohender Verfall

> Es will mer net in de Kobb enei, des es for unser zuständische Herrn von de Stadt net e Selbstverständlichkeit ist, des e Wahrzeiche von Frankfort seim Wert entsprechend rausgebuzt (aach von inne), eingeplant un higestellt werd.
> *Schlußsatz aus einem Schreiben der Verfasserin vom 4.12.1977 an die Stadtverwaltung.*
> *Frei nach Friedrich Stoltze*

Erstaunt schaut er herab auf das, was zu seinen Füßen geschieht. Dieses zu Ende gehende 20. Jahrhundert hat dem Turm besonders schwer zugesetzt. Nachdem die Abrißgefahren überstanden waren, kam schon die nächste Gefahr, der zunehmende Verkehr. Bereits seit Ende des 19. Jahrhunderts fuhren die Straßenbahnen um ihn herum. Zunächst wurden die auf Schienen laufenden Wagen noch von Pferden gezogen. Aber auf Grund der schnell fortschreitenden Entwicklung der Elektrotechnik konnten die Straßenbahnen elektrifiziert werden.[90] Ab diesem Zeitpunkt sagten die für ihre treffenden Bezeichnungen bekannten Frankfurter zum Fahren mit der Straßenbahn: „Ich nemm die Elektrisch". Durch die neuen elektrischen Lampen wurde es abends auch heller in der Stadt, denn die alten Gaslaternen hatten keine große Leuchtkraft und die Stadt ging zudem sparsam mit der Beleuchtung um. Auch um den Turm herum war es abends immer duster gewesen. Besonders schwer zu schaffen machen ihm – bis heute noch – die Abgase der Motoren. Die Anzahl der Autos nahm ständig zu und damit der Verkehr um den Eschenheimer Turm herum. Und die Erschütterungen, verursacht von den vorbeifahrenden schweren Fahrzeugen, gehen ihm durch Mark und Bein. Bei der letzten Renovierung wurde ihm zur Sicherheit im Torbogen ein Stahlkorsett eingebaut.

Im Laufe seines fast 600jährigen Bestehens mußten am Eschenheimer Turm einige Veränderungen (Treppen An- und Abbau), Reparaturen und Restaurierungen vorgenommen werden. Erst 1902 entstand zum Schutz von Denkmalen und

[90] Internationale Elektrotechnische Ausstellung vom 16.–19. Oktober 1891 in Frankfurt am Main.

Kaminzimmer im zweiten Obergeschoß vor der Renovierung, Foto: Rainer Rüffer

erhaltenswerten Gebäuden das „Hessische Denkmalschutzgesetz“, welches davon ausgeht, daß die in die Liste aufgenommenen Gebäude erhalten werden müssen.[91] Die erste größere Renovierung am Eschenheimer Turm wurde unter sachkundiger Leitung des Bauinspektors Rügemer und des Stadtbaumeisters J.G. Kugler im Jahre1885 mit einem Kostenaufwand von 11160 Gulden durchgeführt.[92] 1880 wurden an der Spitze des Turmes nur alte Schäden repariert. Bei der großen Renovierung mußte, wie bereits geschildert, der Turm neu vermessen werden, da keinerlei Unterlagen aus der Bauzeit vorhanden waren. Wie auf dem Foto von Carl Friedrich Mylius erkennbar, wurde er völlig eingerüstet. Der Schaft des Turmes mußte neu verputzt werden und die beiden Ecktürmchen am Wachraum im 2. OG. erhielten je ein neues Unterteil, nur die Hauben dieser nördlichen Ecktürmchen sind die ursprünglichen geblieben. Kugler beschreibt dies in seinen Aufzeichnungen folgendermaßen: „... dieselben wurden auf Sprießen gestellt und neu unterfahren. Alle Steinmetzarbeiten sind genau nach den alten angefertigt und versetzt“.[93] Auch kleinere Reparatu-

[91] Speitkamp, Winfried: Die Verwaltung der Geschichte – Denkmalpflege in Deutschland 1871– 1932. Stadtarchiv Nr. 97/73.
[92] Geheimnisvoller Gang entdeckt, in: FR 15.7.1964.
[93] Kugler, J. G.: Aufzeichnungen Juli 1885 zum Eschenheimer Turm, S. 6.

ren, wie in den Jahren 1911 u. 1932, waren sehr aufwendig, da bei Arbeiten im äußeren Bereich jeweils ein Gerüst aufgestellt werden mußte, was die Kosten in die Höhe trieb.

Nach dem Ersten Weltkrieg (1914–1918) herrschte in Frankfurt durch rasante Zunahme der Bevölkerung – speziell aus dem Osten – große Wohnungsnot. Der Eschenheimer Turm wurde notdürftig zum Wohnturm umfunktioniert. Auch meine Großeltern kamen mit der gesamten Familie aus Ostpreußen nach Frankfurt. Sie wurden in den Eschenheimer Turm eingewiesen, was ein großer Vorteil war, denn die Sippe konnte zusammenbleiben. Anfangs wohnte noch ein Ehepaar im unteren Geschoß, nach dessen Auszug hatten wir den Turm für uns allein.

Den Zweiten Weltkrieg (1939–1945) hat der Eschenheimer Turm ohne großen Schaden zu nehmen überstanden. Nur der Teil einer Brandbombe landete hinter den Zinnen, was dem Wächter in seiner Standhaftigkeit nicht geschadet hat, aber um ihn herum sah es nach den Bombenangriffen 1944 schlimm aus. Obwohl der Turm keine Unterkellerung hat, suchten vom Fliegeralarm überraschte Personen immer wieder Schutz im Torbogen. Hier der interessante Bericht von dem damals noch jungen, etwas leichtsinnigen, aber erlebnishungrigen Augenoptikerlehrling, Karl Heinz Mischon. Er wohnte in der Großen Eschenheimer Straße Nr. 43 a: „Am Abend des 4. Oktober 1943 gegen 21 Uhr war Fliegeralarm. Heinz Sch. und ich waren wieder auf der Straße, und ca. 10 Minuten nach Beginn des Alarms fing die Flak zu schießen an. Für uns immer noch kein Grund, in den Keller zu gehen. Dann wurden das Geballer und die Scheinwerfer immer mehr, so daß wir uns der Einfachheit halber in den Turmbogen stellten. Aber relativ schnell standen vier sogenannte Christbäume über der Stadt, gesetzt von den ‚Pfadfindern'.[94] Wir konnten dies zufällig genau beobachten. In diesem Moment kam einer der Taxi-Fahrer zu uns unter den Turm. (Die wenigen noch zugelassenen Taxis fuhren im Krieg meistens mit Holzvergaser – A.d.V.) Da sagte dieser Taxi-Mensch zu uns wörtlich: ‚Des is en Großaagriff, isch hock misch in moi Audo, wenn

[94] Christbäume und Pfadfinder = im Krieg übliche Ausdrucksweise für die von den feindlichen Flugzeugen gesetzten Markierungen.

Der Eschenheimer Turm nach einem Bombenangriff 1944 mit dem Briefträger Franzel Brenauer, Foto: Mikki Bohnacker

des verreckt, brauch isch a nimmer do zu soi'. Nun gut so, es war ein enorm schwerer Großangriff, und wir zwei Buben lagen zunächst auf dem Bauch im Turmbogen und konnten noch beobachten, wie das von den Pfadfindern mit Christbäumen abgesteckte Karree aufgrund eines starken West/Nordwestwindes sehr schnell Richtung Ostend getrieben wurde, weshalb dann auch mit großem Abstand das Gebiet Richtung Zoo/Ostbahnhof bis hinüber nach Oberrad in Mitleidenschaft gezogen wurde. Direkt nach dem Angriff waren wir zwei Neugierige natürlich wieder präsent und konnten den Taxi-Fahrer sprechen, und er hatte in seinem Auto den gesamten Angriff schadlos überstanden. Die nächst gefallene Bombe zerstörte das Eckhaus Eschersheimer Landstraße/Bokkenheimer Anlage, also quer vom Eschenheimer Turm ab. Am Morgen, als es hell war, fanden wir an der Stelle, wo wir auf dem Bauch lagen, einen etwa 12 cm langen Bombensplitter im Torbogen, welcher von dieser Bombe gewesen sein muß".

Noch während des Krieges hatte sich der Schlosser Johann Geiger als ehrenamtlicher Wächter im 6. OG. des Turmes wohnlich eingerichtet. Zunächst gab es noch kein elektrisches Licht, und das Wasser mußte mühevoll nach oben geschafft werden. Unter der Kaminhaube auf dem eisernen Herd kochte er auch das Futter für seine Tiere (Hund und Hase). Er hatte immer Gesellschaft und fühlte sich dort oben hoch im Turm sehr wohl, bis er im Mai 1957 verstarb.[95] Vorübergehend hatte er eine junge Familie, mit dem in dieser Zeit geborenen Töchterchen bei sich aufgenommen.

In Kommentaren und Zeitungsberichten wird der Eschenheimer Turm immer wieder personifiziert, sicher ein Zeichen dafür, daß er ein fester und beliebter Bestandteil dieser Stadt ist. In einem Zeitungsartikel vom 28. März 1952 beschreibt dies ein Journalist sehr schön: „Er hat mir anvertraut, er sei traurig darüber, daß man ihm die kleinen Fensterchen, die ja auch ein Teil seiner selbst wären, immer noch nicht repariert habe. Es ziehe nämlich immer so fürchterlich, wenn es regne oder windig sei. Und seinem Ansehen schade diese öffentliche Schlamperei außerdem."

Nachdem der letzte Bewohner ausgezogen war, kamen nur noch die Tauben in den Turm. Er verfiel in einen Dornröschenschlaf, der lediglich von bauerhaltenden Maßnahmen unterbrochen wurde. So wurde z.B. im Jahre 1963 der Schaft des Turmes teilweise neu verputzt, was häßlich aussah. Die Zeitungen sprachen schon von Flickenteppichen. Während der Arbeiten zeigte der Turm sich sogar in einem grauen Sackkleid mit Leinenstruktur. Eine Frankfurter Zeitung berichtete: „Die Wappenadler strich man neu an; die dringend notwendige Sicherung vor dem immer schneller

95 Über den Alltag im Turm von Johann Geiger berichtete der Frankfurter Journalist Walter H. Seiter in der *Abendpost* vom 25.10.1948: Rettung vor dem Galgen, Roter Kamin – fette Hammel.

Der Eschenheimer Turm im Sackkleid 1963, sk / FR-Bild: Weiner

voranschreitenden Zerfall des Steines durch die Einflüsse der Luft wurde nicht vorgenommen."[96]

Anfang der 60er Jahre wurde mit dem U-Bahnbau am Eschenheimer Turm begonnen. Die Ausschachtungsarbeiten für den Bahnhof verliefen lt. den Bauplänen neben dem Eschenheimer Turm, so daß seine Standhaftigkeit nicht unmittelbar gefährdet werden konnte. Eine Frankfurter Zeitung berichtet allerdings am 15.7.64, daß „...bei der Ausschachtung

[96] Ringshausen, Joh. Gerhard: Madern Gerthener Leben und Werk nach den Urkunden (Dissertation Göttingen 1968), S. 43.

Provisorische Fußgängerbrücke während des U-Bahn-Baues, Foto: Klaus Meier-Ude

ınter der Torfahrt des Eschenheimer Turmes ein sich in Nord-Süd-Richtung ziehender Gang zum Vorschein kam. Er muß zur Zeit der Erbauung angelegt worden sein, vielleicht als sichere Verbindung zu den Kasematten des Walls und der Bastionen."[97] Es konnte nicht weiter verfolgt werden, was mit dem Gang geschehen ist.

Der U-Bahnhof Eschenheimer-Tor-Platz gehört zu den fünf Haltestellen des ersten Bauabschnittes der Frankfurter U-Bahn. Bis zur Fertigstellung und Eröffnung im Jahre 1968 war der weiträumige Platz beginnend am Ende der Schillerstraße/Große Eschenheimer Straße bis hin zum Anfang der Eschersheimer Landstraße/Oederweg, eine riesige Baustelle. Elf Zu- bzw. Abgänge zur B-Ebene und den Bahngleisen mußten geschaffen werden. Aus Kostengründen wurde aber nur eine Treppe als Rolltreppe angelegt. Um die Verbindung der Wallanlagen zu erhalten, war geplant, am nördlichen Ende des Platzes eine Fußgängerbrücke zu bauen. Damit sollte auch der Charakter eines Tores zur Innenstadt betont werden. Aus verschiedenen Gründen wurde die Idee nicht ausgeführt. Im Juli

[97] Lt. Archivbericht R. Stapp vom Museum für Vor- und Frühgeschichte Juli 1964, der dem Amt für Denkmalschutz vorliegt, handelt es sich um einen gewölbten Abwasserkanal mit Gefälle zur Stadt.

Der Göpfert-Brunnen, Foto: Beate Kemfert, 1990

1968 erhielt der Brunnengestalter Hermann Göpfert den Auf trag, ein Modell für die leicht erhöht liegende Dreieckinse am Eschenheimer-Tor-Platz zu schaffen. Sein kühner Entwurf eine flache Schale in Form eines riesigen Tropfens, in den sich drei rotierende, turbinenartige Gebilde, die Wasserspiele erzeugen, befinden, wurde übernommen und gebaut. Leide ist die gesamte Anlage nur aus der Höhe des Eschenheime

Turmes zu erkennen. So wurde der Brunnen für die Frankfur-
er zum Ärgernis. Er erhielt viele Namen, zum Beispiel
„Macky Messer Brunnen“, und die im Sonnenlicht blinken-
len Staketen aus Aluminium wurden zu „Haifischzähnen“.
Die Wasserspiele funktionierten nur in Abständen. Von An-
ang an wurde gegen den Brunnen heftig protestiert, auch we-
gen der hohen Wartungskosten. Hermann Reitberger, damali-
ger Inhaber der Apotheke am Eschenheimer Turm, bemühte
ich bis zu seinem Tode im Juli 1992 um eine Verlegung des
Brunnens. Bereits nach Fertigstellung startete er eine Unter-
chriftenaktion, wobei ca. 2.000 Bürger ihren Unmut gegen
lie Brunnenanlage bestätigten. Er machte viele Eingaben bei
ler Stadtverwaltung, aber festgemauert steht der von vielen
Frankfurtern ungeliebte Brunnen. Die „Haifischzähne“ müs-
en immer wieder mit großem finanziellen Aufwand geputzt
werden, die letzte Renovierung erfolgte im Frühjahr 1999.

1964 war es der Autorin nach einigen Bemühungen gelun-
gen, in den im Dornröschenschlaf liegenden Turm zu kom-
men. Sie wollte ihrem Sohn einmal zeigen, in welchem histo-
ischen Gebäude seine Mutter die ersten Jahre ihres Lebens
verbracht hatte, damit er verstehen konnte, warum sie ein so
großes Interesse an diesem Bauwerk behalten hat. Jutta W.
Thomasius von der Neuen Presse hatte sich dafür eingesetzt,
daß der Turm bestiegen werden konnte. Sie beschrieb diese
Aktion zu recht als „Kletterpartie in die Vergangenheit“. Es
berührte die drei Besucher schon sehr, den Turm in diesem
verschlafenen Zustand zu sehen. Rundherum war alles im
Aufbau, nur er lag in seinem Dornröschenschlaf. Natürlich
würde es nicht einfach sein, hier eine Änderung herbeizufüh-
ren: Schon allein der Verkehrsknotenpunkt zu Füßen des Tur-
mes brachte große Probleme mit sich. Vielleicht könnte es zu-
nächst gelingen, wenigstens das häßliche Äußere des Turmes
zu verändern.

Es verging noch einige Zeit bis die Autorin den Versuch
wagte, als gebürtige Frankfurterin bei der entsprechenden
Stelle unserer Stadtverwaltung im Römer vorstellig zu wer-
den, um auf die dringend notwendige Restaurierung mit
Nachdruck hinzuweisen. Es mußte auch der rechte Zeitpunkt
sein, denn die Kommune hatte viele Aufgaben zu erfüllen.
Anfang des Jahres 1975 war es so weit. Umbau und Restaurie-

rung der Sachsenhäuser Warte an der alten Kaufmannsstraß (Darmstädter Landstraße) waren fast beendet und bald sollt ein gemütliches Wirtshaus dort seine Pforten eröffnen. S könnten nun evtl. einige Mittel für die Renovierung de Eschenheimer Turmes bereitgestellt werden. Tatsächlich hat e bald eine Außenkosmetik erhalten. Nach sechsmonatiger Renovierungszeit fiel Ende April 1976 das Baugerüst und de Turm erstrahlte in leuchtender Ockerfarbe. Über den „buntische“ Anstrich waren die Frankfurter allerdings geteilter Meinung. Die mit der Renovierung beauftragte Spezialfirma hatt aber schon einkalkuliert, daß Witterungseinflüsse und di Auspuffgase der Autos bald auf den neuen Putz einwirke und die Farben verändern würden. Auch die beiden Reliefs der doppelköpfige Reichsadler und der Frankfurter Stadtadle wurden nun restauriert und in den heraldischen Farben ne gefaßt sowie einige Witterungsschäden beseitigt. Außerde erhielt die Wetterfahne auf der Turmspitze einen zweifache Anstrich von Dukatengold. Es wurden auch wieder neu Einschußlöcher (statt sechs) in Form einer Neun gebohrt, wi es die Legende verlangt. Der Kostenaufwand für die gesamt Renovierung betrug ca. DM 190.000,–.

Kurz nach Fertigstellung dieser Reparaturarbeiten erschie in einer Frankfurter Zeitung ein Artikel mit folgender Überschrift: „Stadt sucht Mieter für Eschenheimer Turm. Einzig Auflage: Instandhaltung im Innern … – und wie es die Auflage vorsieht – die jetzt vergoldete Fahne mit den sagenhafte neun Einschüssen des Wilddiebes Winkelsee muß mindesten vierteljährlich poliert werden.“ Natürlich war das ein Apri Scherz. Aber wie konnte es zu diesem Ansinnen kommen, w der Turm doch gerade erst von außen hergerichtet worde war? Sollte der Eschenheimer Turm wirklich aus seiner Dornröschenschlaf erweckt und den Bürgern der Stadt zugänglich gemacht werden, müßte er von innen gesäubert un vor allem von den großen Mengen Taubendreck befreit werden. Und was besonders schwierig werden würde, es müßt eine sinnvolle Nutzung für ihn gefunden werden. Dr. Hein Schomann, Leiter des Amtes für Denkmalschutz, war de Meinung, das Innere des Turmes wieder mit Leben zu füller könnte der Erhaltung der Turmräume nur dienlich sein. Bereits 1973 war in der Frankfurter Rundschau zu lesen: „Wi lange bleibt der Turm ein leerer Stumpf? Seit vielen Jahren ist man bemüht, diesem einzigartigen Baudenkmal mit rund 550jähriger Geschichte, das allen Zerstörungen standhielt, eine Rolle auch im Alltag des zwanzigsten Jahrhunderts zuzuweisen".[98] Eine andere große Frankfurter Zeitung brachte einen Artikel mit der Überschrift: „Das schöne Fotomotiv steht nutzlos in der Gegend." Er ist ein beliebtes Ziel für die Touristen mit und ohne Kamera. Schon seit alten Zeiten ist der Turm ein Wahrzeichen unserer Stadt.

Die Stadtverwaltung machte sich schon seit einiger Zeit Gedanken über eine Nutzung im Turm, aber es war nicht einfach, zu einer vernünftigen und machbaren Lösung zu kommen. Hier einige der angedachten Vorschläge:

- Zweigstelle des Historischen Museums. Genügend Ausstellungsmaterial ist vorhanden, z.B. Stadtuniformen, Bilder einer Dokumentation der Stadtbefestigung u.ä.
- Stoltze-Gedenkstätte oder Stoltze-Stubb.
- Jugendtreff.
- Künstlerzentrum.
- Goldschmiede-Werkstatt.
- Kunstgalerie für junge Frankfurter Künstler.
- Der Kabarettist Conny Reinhold hätte gern ein Zimmertheater im Turm eröffnet. Er war begeistert von der Vorstellung im Kaminzimmer zu spielen.
- Gaststätte – Einrichtung historisch bis modern – war bei fast allen Überlegungen dabei.

Ausstellungen sollten evtl. nur im Sommer geöffnet sein, um Kosten für aufwendige Heizungseinrichtungen zu sparen. Die geeignete Nutzung für ein historisches Gebäude zu finden, ist für seine Erhaltung von großer Bedeutung, aber sehr schwierig, wenn die ursprüngliche Aufgabe (hier Wach- und Wehrturm) verloren gehen würde.

[98] Wie lange bleibt der Turm ein leerer Stumpf? In: FR 8.2.1973.

Die Firma Henninger-Bräu AG hatte von Anfang ihres Bestehens den Eschenheimer Turm zu ihrem Firmenzeichen erkoren.[99] Auch mit ihrem starken Sinn für Tradition war die Firma besonders daran interessiert zu erfahren, was mit dem Turm geschehen würde. Sie hatte sich der Stadtverwaltung gegenüber bereit erklärt, bei einer Renovierung der Innenräume einen Zuschuß zu den Kosten zu leisten. Doch bevor eine Entscheidung über das Innenleben des Turmes getroffen werden konnte, war noch einiges zu klären. Vordringlich war die Erstellung eines Verkehrsplanes und seine Auswirkung auf den Verkehrsknotenpunkt am Eschenheimer Turm. Außerdem mußte eine Lösung für den Zugang zum Turm gefunden werden, da der Bürgersteig vor der Eingangstür an der östlichen Seite nur knapp einen Meter von der stark befahrenen Fahrbahn entfernt war – wie war da ein Zugang zum Turm möglich? Noch dazu mußte die historische Keilstufentreppe im innern gesichert werden (Brandschutz). Auch war zu bedenken, daß in den Stockwerken nur kleine Flächen zur Verfügung standen, was eine Nutzung der Räume sehr begrenzen würde. Es sollten noch viele Jahre vergehen, bis der Startschuß zur endgültigen Restaurierung fallen konnte, d.h. um eine Nutzung zu gewährleisten, mußte das Innere des Turmes vorsichtig, unter Berücksichtigung denkmalpflegerischer Auflagen, auf moderne Bedürfnisse umgestellt werden.

Es ist heute beinahe vergessen, daß der damals isolierte Standort des Turmes eine Nutzung im Innern fast unmöglich machte. Schließlich war der Turm von allen Seiten mit stark befahrenen Straßen umgeben, wodurch der Eingang zur Wendeltreppe – wie bereits beschrieben – sehr knapp von der Fahrbahn entfernt lag. Ein erster Fortschritt zum großen Ziel den Turm wieder in das Leben der Stadt zu integrieren, war die Entwidmung (so die Behördensprache) des Stückes Taubenstraße vor dem Eschenheimer Turm, so daß er in die Fußgängerzone der Schillerstraße einbezogen werden konnte. Dadurch würde ein kleiner Platz vor dem Turm entstehen. Ein Gewinn für unser Stadtbild, denn in Frankfurt fehlen Plätze

[99] Lerner, Franz: Das tätige Frankfurt, S. 52. Heinrich Christian Henninger aus Nürnberg übernahm die bereits seit dem Jahre 1650 in Frankfurt bestehende Brauerei, die ab 1881 ihren Namen in „Frankfurter Bierbrauerei-Gesellschaft vorm. Heinrich Henninger und Söhne“ änderte.

sie sind Treffpunkte für die Kommunikation.[100] Am 8.8.1977 wurde die Entwidmung der Taubenstraße zwischen Eschenheimer Turm und dem Fußgängerbereich der Schillerstraße durch den Magistrat der Stadt bewilligt. Wegen der U-Bahn-Bauarbeiten auf der Zeil mußte die Straßenbahn allerdings noch bis 1982 durch die Schillerstraße am Eschenheimer Turm vorbeigeführt werden. Aber bereits jetzt konnte in die Überlegungen einbezogen werden, den Platz vor dem Eschenheimer Turm unter Berücksichtigung der beiden Probleme – Verkehr und Aufgang zum Turm – zu gestalten. Da die Autorin sich bereits seit vielen Jahren für die Wiederherrichtung des Turmes einsetzte, hatte sie einige Vorschläge bereit, nur mußten sie skizziert werden. Ein Student der Architektur war die richtige Person dafür.[101] Auf dem Plan war ein Stück nachgebauter Stadtmauer zu sehen, die gleichzeitig einen Schutz gegen den Straßenverkehr bilden würde, und ein moderner, filigran gestalteter Aufgang, um von der westlichen Seite in den Turm zu gelangen. Ursprünglich stand der Eschenheimer Turm innerhalb der gotischen Stadtmauer, d.h. der Zugang zum oberen Teil des Turmes erfolgte über die Stadtmauer. Der Plan wurde wohlwollend vom Magistrat und dem Planungsdezernat aufgenommen mit dem Vermerk, daß man sich diese Lösung vorstellen könnte. Es war ein Schritt dem Ziele näher. Auch Ferry Ahrlé hatte sich inspirieren lassen und daraufhin eine Zeichnung mit einem Stück der gotischen Stadtmauer angefertigt. Für die beiden angesprochenen Probleme mußten noch einige Lösungen gefunden werden. Zum Beispiel für den Aufgang von der westlichen Seite gab es technische Schwierigkeiten. Für den Zugang

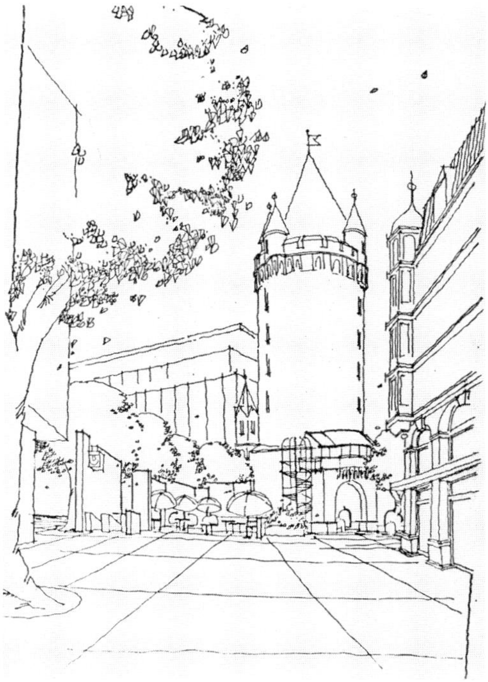

Entwurf für die Neugestaltung am Eschenheimer Turm, Skizze: Jo Vogeler

[100] Liebenswert, aber ein wenig vernachlässigt, in: FR 17.3.1979.

[101] Skizze Jo Vogler, Student der Architektur, vom Amt für Denkmalschutz empfohlen.

von der östlichen Seite bestanden berechtigte Bedenken, über einen Durchbruch vom Torbogen aus auf die Wendeltreppe zu gelangen. Nach langwierigen Recherchen war die Autorin im Historischen Museum, Graphische Sammlung, fündig geworden. Eine detailgetreue Zeichnung von Carl Theodor Reiffenstein, bekannter Zeichner und Chronist des alten Frankfurt, brachte die Lösung. Mittels der Zeichnung konnte nachgewiesen werden, daß es auch an der östlichen Seite im Torbogen schon einen Durchbruch gegeben hatte, der beim Anbau der Wendeltreppe im Jahre 1865 wieder zugeschüttet wurde. Er konnte wieder geöffnet und damit ein sicherer Zugang geschaffen werden.

Aus vielen Kommentaren und Berichten in sämtlichen Frankfurter Zeitungen – auch im Umland – war zu entnehmen, daß die Bürgerschaft mit Interesse am Geschehen im und um den Eschenheimer Turm teilnahm. Es mußten Freunde, Firmen und Institutionen gewonnen werden, die bereit waren, sich bei öffentlichen Aktionen zu engagieren. Die „Freunde Frankfurts, Verein zur Pflege der Frankfurter Tradition e.V." waren die Vereinigung in Frankfurt, die sich für eine Wiederbelebung einsetzen würden. Nachdem sie dafür gesorgt hatten, daß die Hauptwache nach dem U-Bahn-Bau wieder an ihrem alten Platz aufgebaut werden konnte, war der Vorstand dieses über 1400 Mitglieder zählenden Vereins bereit, sich des Problemes Eschenheimer Turm anzunehmen. Die Freunde Frankfurts wurden die starken Verbündeten in Sachen Eschenheimer Turm. Da der Verein verschiedene Aufgaben im Bereich der kulturellen Pflege in Frankfurt wahrnimmt, wurde vereinbart, sämtliche Aktivitäten zur Wiederbelebung des Eschenheimer Turmes in Form einer Aktionsgemeinschaft innerhalb der Freunde Frankfurts zu koordinieren. Fast bei sämtlichen Aktionen war der 1. Vorsitzende der Freunde Frankfurts e.V., Joh. Phil. Freiherr von Bethmann, nicht nur als hilfreicher Berater sondern meistens auch persönlich anwesend.

Das allgemeine Interesse am Eschenheimer Turm war immer wieder zu erkennen. Bei einem Besuch im Dienstzimmer von Professor Wolfgang Klötzer, damaliger Leiter des Stadtarchives und Vorstandsmitglied der Freunde Frankfurts e.V., zeigte er stolz ein kleines Modell des Eschenheimer Turmes, im Maßstab 1:100, was inzwischen von vielen kleinen und großen Frankfurtern nachgebaut wurde.[102] Später gab es auch einen ähnlichen Bogen, etwas kleiner, der dem „Arbeitsheft für den Sachunterricht an Frankfurts Schulen" beigefügt war.[103] Inzwischen hatten sich auch verschiedene Frankfurter Banken bereit erklärt, die Initiativen zur Sanierung des Eschenheimer Turmes zu unterstützen. Es erforderte viel Geduld, Verbindungen zu knüpfen und immer wieder nachzufassen, auch mußten die verschiedenen Aktionen organisiert werden. Eine etwas andere Form des Interesses zeigte Herr P. Er wollte mit einer größeren Spende (etwa eine Dreiviertelmillion DM) zur Sanierung des Turmes beitragen. Bei einem Treffen erklärte er der Autorin, daß er in Frankfurt viel Geld verdient habe und aus diesem Grunde seiner hier geborenen Frau die Freude machen wolle, etwas für ihre Vaterstadt zu tun. Eine schöne Idee. Leider war es zu dieser Zeit, 1977, noch nicht absehbar, bis wann der Turm endgültig restauriert werden konnte, so ging diese Spende verloren.

Bei allem Wohlwollen für das Objekt Eschenheimer Turm sah zu dieser Zeit unsere Stadtverwaltung noch keine Möglichkeit einer sinnvollen Nutzung. Die hauptsächlichen Gründe hierfür waren die geringe zur Verfügung stehende Nettogrundfläche und die zu erwartenden Auflagen vom Brandschutz in Verbindung mit der Bauaufsicht, außerdem mußten die denkmalpflegerischen Gesichtspunkte gewahrt bleiben. Ein entsprechender Antrag der Stadtverordnetenversammlung vom Oktober 1979 wurde abgelehnt. Wir aber durften nicht mutlos werden in unserem Bemühen, es mußten andere Möglichkeiten der Nutzung gefunden werden.

Im September 1980 wurde zu Füßen des Eschenheimer Turms der aus Paris stammende und zum gemütlichen Bistro umfunktionierte Metro-Bus (Baujahr 1949) abgestellt. Er mußte seinen alten Standort vor der St. Katharinenkirche wegen der Baumaßnahmen Zeil/Hauptwache verlassen. Der neue Platz auf der kleinen Insel vor dem Eschenheimer Turm war sehr ungünstig für das kleine Lokal, denn noch fuhr die

[102] Dr. E. A. Gäde, ein in Frankfut geborener Arzt für Orthopädie und Turmfreund, hatte diesen Modellbaubogen nach Originalaufrissen entworfen.
[103] Thomas Zach, Landschaftsmaler, Entwurf und Gestaltung des kleinen Bastelbogens vom Eschenheimer Turm.

„Tischlein deck dich" im Eschenheimer Turm, Foto: Fieby Schmidt

Straßenbahn direkt am Turm vorbei, was den Zugang äußerst schwierig machte. Aber ungeachtet der Schwierigkeiten kamen die Gäste. Nur der Blick auf das Baudenkmal Eschenheimer Turm war erheblich beeinträchtigt.

Der Turm aber lag nach wie vor in seinem Dornröschenschlaf, nur gestört von den Tauben, die irgendwo ein Schlupfloch fanden. Endlich ergab sich für die Autorin die Möglichkeit, wieder einmal in den Turm zu kommen. Eine Bekannte hatte unter schwierigen Umständen den Schlüssel für das Eingangstor beschaffen können. Als wir das 6. Obergeschoß erklommen hatten, kam es der Autorin vor wie ein Traum. Auf einem Mauervorsprung in der Ecke lag eine Damastdecke, darauf stand eine Flasche Champagner mit Gläsern, erhellt von einer brennenden Kerze. Es war wie im Märchen „Tischlein deck dich!" Aber die Realität holte uns beim Aufsammeln der toten Tauben schnell wieder ein.

In den ersten Tagen des Monats März 1981 kam es für drei Tage zur Besetzung des Eschenheimer Turmes. Eine Gruppe Frankfurter Jungsozialisten hatte sich mit einem Trick die Schlüssel beschafft, die ein Beamter vom Liegenschaftsamt überbrachte. Dadurch wurde ihnen der Zugang zum Turm ermöglicht. Sie wollten auf die Wohnungsnot in der Mainmetropole aufmerksam machen. Aus den Schießscharten flatterten Transparente mit der Aufschrift „Zimmer frei" und „Wohnung für alle". Die spektakuläre politische Aktion konnte friedlich zu Ende gebracht werden. Ein paar Tage später, am 1. April 1981, war dann in der Zeitung zu lesen „46 Stunden Turmbesetzung kosten die Jusos 594 Mark" – und das war diesmal kein April-Scherz.

Unterdessen gingen die Arbeiten zur Neugestaltung der Zeil/Hauptwache zu Ende. Jetzt sollten auch am Eschenheimer Turm „Näschel mit Köpp gemacht werde!", wie es Liesel Christ auf einer Pressekonferenz der Freunde Frankfurts im Stammhaus der Bethmann-Bank formulierte. Sie, d.h. die Aktionsgemeinschaft Eschenheimer Turm der Freunde Frankfurts, wollten nun verschiedene Aktionen starten, um die Bevölkerung über die notwendigen Maßnahmen zu informieren. Gleichzeitig sollte eine Spendenaktion beginnen. Ein Straßenfest für den Monat Mai 1982 wurde angekündigt. So eine Aktion mußte gut vorbereitet werden, damit sie auch zum Erfolg führte. Die Stadtverwaltung sollte erkennen, daß die Bürgerschaft ernsthaft daran interessiert war, den Turm aus seinem Dornröschenschlaf zu erwecken und wieder in das pulsierende Leben der Stadt einzubeziehen. Viele Dinge waren zu organisieren. Firmen und praktische Helfer mußten gewonnen, ein Programm für den Ablauf des Festes zusammengestellt, Sachspenden für einen Malwettbewerb aufgetrieben, der Turm mit Blumen und Fahnen geschmückt werden und, und, und .... Drei Tage vor dem Straßenfest kam von der zuständigen Stelle ein schriftlicher Bescheid, daß die Aktion vor dem Eschenheimer Turm nicht genehmigt werden konnte. Wir mußten schnellstens umdisponieren! Trotz aller Widerwärtigkeiten gelang es uns: die Aktion fand an der Hauptwache vor der St. Katharinenkirche – nur mit Blick zum Eschenheimer Turm – statt und wurde ein voller Erfolg. Eine aufgelegte Unterschriftenliste, welche die Bemühungen der Aktionsgemeinschaft Eschenheimer Turm unterstützen sollte, wurde durch die vielen Eintragungen lang und länger. Viel Spaß gab es beim Bogenschießen und der Versteigerung eines 5-Liter-Bierkruges auf „amerikanisch", er brachte DM 380,– in die Turmkasse. Für sämtliche Kosten haben wir Sponsoren gefunden, so konnte der Überschuß auf das neu errichtete Spendenkonto Eschenheimer Turm eingezahlt werden. Mit

Begeisterung wurde die Aktion von der Presse kommentiert. Wir waren auf dem richtigen Weg.

Im Frühjahr 1982 konnte der Darmstädter Architektur-Professor Fritz Seelinger durch Vermittlung eines seiner ehemaligen Studenten gewonnen werden, sich mit dem Problem der Gestaltung des Platzes rund um den Eschenheimer Turm zu befassen. Er veranlaßte die Ausarbeitung einer Stegreifstudie für das Semester 1982/83. Von den eingereichten Arbeiten wurden 12 Lösungsvorschläge (Modell, Zeichnung, Plan) ausgewählt, um sie der Öffentlichkeit vorzustellen. Es waren interessante, zum Teil abstrakte Gedankenspiele angehender Architekten, die zu weiterem Nachdenken über die schwierige Aufgabenstellung führten, aber auch zu heftigen Diskussionen bei den Betrachtern. Festzustellen bleibt, daß keiner der Studenten ein lobendes Wort für die Schöpfung des Göpfert-Brunnens fand. Bisher waren auch die in Frankfurt zuständigen Stellen der Stadtverwaltung noch zu keiner machbaren Lösung bezüglich der Um- bzw. Neugestaltung des Platzes um den Eschenheimer Turm mit seinem gigantischen Verkehrskreisel gekommen. Am 8. Februar 1983 wurde die kleine Wanderausstellung mit den Modellen der Stegreifstudien im Foyer des Volkstheaters bei Liesel Christ eröffnet, dann ging es weiter zur Frankfurter Sparkasse von 1822. Nächste Station war die Frankfurter Volksbank in der Börsenstraße und die letzte Station die Schalterhalle der Frankfurter Neuen Presse in der Schillerstraße, die den Abschluß dieser Aktion mit einem Preisausschreiben zum Thema Eschenheimer Turm (1. Preis: eine Mittelmeerkreuzfahrt) krönte. Einige der Modelle kamen dann noch nach Florenz. Professor Seelinger war an einem großen Forschungsprojekt der dortigen Universität beteiligt. Bei seinem Vortrag erläuterte er am Thema Eschenheimer Turm, was Bürgersinn bedeutet und in einer Stadt wie Frankfurt bewirken kann.

Die ständigen Aktivitäten und unterschiedlichsten Vorschläge mußten doch dazu führen, machbare Lösungen zu finden, damit der Turm endlich restauriert und dadurch wieder in das Leben der Stadt einbezogen werden könnte. Ebenfalls hatten Funk und Fernsehen einigemale über das Thema berichtet. Eine Frankfurter Zeitung hatte im Oktober 1983 einen Werbefilm zu Gunsten des Eschenheimer Turms drehen lassen, der an verschiedenen stark besuchten Stellen der Stadt – z. B. Hauptwache in der B-Ebene – ausgestrahlt wurde. Wichtig war hierbei, auf die Spendenfreudigkeit der Bürger einzuwirken. Erstmalig wurde ein zur Spardose umfunktionierter Äpfelweinbembel mit eingraviertem Eschenheimer Turm gezeigt, den eine bekannte Frankfurter Getränkefirma speziell zum Spendensammeln hatte herstellen lassen. Der mit großem Aufwand hergestellte Bembel hat einen Kupferdeckel mit Schlitz. Im Fuß ist ein Schloß eingebaut, um die Spendengelder zu entnehmen. Bei allen weiteren Aktionen wurde er erfolgreich eingesetzt. Dieser Bembel war so schön und begehrenswert, daß dazu ein Warnschild aufgestellt werden mußte. Erich Fries, der schreibende Zahnarzt, formulierte die Warnung wie folgt:

„Als Sparbichs steht – in Bembel-Form –
Vor Euch de Eschenheimer Torm
Um bittend sich an Euch zu wende
Fer seine Zukunft was zu spende!
Aan Grosche nur, aach finf, aach zehn
Sogar mit Marksticker müsst's gehn!
Betuchte Gönner von Euch derfe
Aach Scheincher in de Schlitz neiwerfe
Damit – dank Eurem Spendegeld
De Torm bald e Funktion erhält,
Die seiner Würde aagemesse.
Dadruff seid Ihr doch aach versesse!
Sollt jemals sich en Gangster traue
Den „Bembel mit dem Torm“ zu klaue,
Dann hat der Nixnutz nix zu lache,
Weil mir den dann zur Minna mache!“

Der zur Spardose umfunktionierte Äpfelweinbembel, Foto: Gerda Hartling

Zur ersten Aktion an der Hauptwache hatten wir den Turm am Wehrgang mit Geranien in den Frankfurter Stadtfarben Rot und Weiß geschmückt und im Herbst bzw. Winter dann mit Heidekraut. Aber Blumen brauchen Wasser zum Leben, die alten Wasserleitungen im Turm funktionierten nicht mehr und die Renovierung bzw. ein Innenausbau war noch nicht beschlossen. Aus diesem Grunde wurde es nicht genehmigt, eine neue Leitung zu legen. Wir fanden eine Lösung! In der B-Ebene des U-Bahnhofes gab es Wasser. Aber wie sollte das Wasser bis zum Wehrgang hinauf kommen, denn der Wasseranschluß war in einem abgeschlossenen Abstellraum des U-Bahnhofes untergebracht. Zunächst mußten wir uns bei den Stadtwerken einen Schlüssel beschaffen, um ständigen Zugang zum Wasser zu haben. Dann wurde eine Wasseruhr gesetzt, aber die Stadtwerke schickten keine Rechnung. Zur Vorratshaltung des Wassers auf dem Wehrgang benötigten wir, ausreichend für ca. 10 Tage, zwei 50-Liter-Kanister, dazu einen Schlauch von ca. 50 m und Helfer. Dann erst konnte die Rapunzel-Schlauch-Aktion beginnen. Es hörte sich schon etwas eigenartig an, wenn vom Wehrgang der Ruf ertönte: „Wasser auf“ oder „Wasser ab“ und auf dem Platz vor dem Turm wurde der Ruf von einem der Helfer nach unten in die B-Ebene weitergegeben. Dabei wurde einer der Helfer zum ‚Spritzbrunnendreher‘ gekürt.[104] Das Nachfüllen des Wassers war jeweils eine aufwendige Angelegenheit, aber wir hatten auch viel Spaß dabei. Einmal konnte das Wasser nicht rechtzeitig zum Wochenende in die Kanister nachgefüllt werden. Was war zu tun? Mit zwei Gießkannen lief die Autorin zum Göpfert-Brunnen. Um an das Wasser zu kommen, mußte sie die Schuhe ausziehen und in den Brunnen einsteigen. Sicher war das nicht zulässig, aber die Blumen brauchten doch Wasser. Es war Sonntagvormittag und wenig Verkehr, so konnte sie den Transport über die Wendeltreppe nach oben vollenden, ohne erwischt zu werden, und die Geranien waren gerettet. Bei einer anderen Tankfüllung gab es Probleme beim Abfüllen am Wasserhahn, der Schlauch rutschte ab und das Wasser ist statt nach oben auf den Wehrgang in die Kanister zur B-Ebene hinausgelaufen. Der Schlauch war vom Wasserhahn abgesprungen, er hatte dem starken Druck nicht standhalten können. Bis der Wasserhahn zugedreht werden konnte, ist eine Menge von dem Nass in die B-Ebene geflossen. Mit allen zur Verfügung stehenden Mitteln mußte das Wasser schnellstens beseitigt werden. Sämtliche Anwesenden griffen zu Besen, Schrubber und Putzlappen. Auch Günter Possmann, der sich an diesem Tag unsere Schlauchaktion ansehen wollte, hat kräftig mitgeholfen, das Wasser in den Abfluß zu

[104] Stifter und Helfer: Gärtnerei Freyeisen und Hofmann, Samenhaus Körber, Günter Moos, Willi Müller, Palmengarten Frankfurt.

schieben. Wir alle gemeinsam besenschwingend im Wasser stehend, das hätte ein schönes Foto werden können! Seit vielen Jahren stellt der Palmengarten regelmäßig die Geranien für den Eschenheimer Turm zur Verfügung.

Zu der erstmals im Sommer 1985 stattfindenden Messe „public-design“ hatte der Magistrat einen Ideenwettbewerb zur Neugestaltung des Gebietes Eschenheimer Tor, Schillerstraße und Börsenplatz, ausgeschrieben. Aus der Vorgabe war zu erkennen, daß dieser Wettbewerb in erster Linie die Neugestaltung der Schillerstraße betraf. Es ging um die Zeit nach 1986, in der dort keine Straßenbahn mehr fahren sollte. Die komplizierte Planungsaufgabe erbrachte wenig umsetzbare Lösungsmöglichkeiten. Gleichzeitig war zu dieser Messe ein Fotowettbewerb ausgeschrieben worden, mit dem interessanten Titel „Schauseite – Kehrseite“. Dieses auf Frankfurt bezogene Thema, die gegensätzlichen Ansichten fotografisch darzustellen, reizte den jüngeren Bruder der Autorin mitzumachen. Ihm fiel sofort der Eschenheimer Turm mit seiner neu verputzten Fassade und seinem desolaten Innenleben ein.

Bild vom Verfall im Eschenheimer Turm, Foto: Rolf Seubert

Im August 1985 ergab sich etwas Ungewöhnliches im Eschenheimer Turm. Die Glocke/Schlaguhr, bereits 1464 erstmals erwähnt, wurde in den Bestand der Frankfurter Glocken aufgenommen. Sie diente der Stadt über Jahrhunderte als Feuerglocke. Die Autorin erzählte Dr. Konrad Bund vom Stadtarchiv, dem für die Frankfurter Glocken zuständigen Referenten, von der Glocke im Eschenheimer Turm. Er war überrascht, von einer alten Glocke zu hören, die nicht archiviert war; aus welchen Gründen war zunächst nicht bekannt. Auf jeden Fall hatte er die feststehende Glocke umgehend vermessen und eine Tonanalyse erstellt. Sie wurde auch während der beiden letzten Kriege nicht zum Einschmelzen abgenommen, wahrscheinlich weil es sich um eine kleine, nur 50 Kilogramm schwere Eisenglocke handelt. Der Glockenmann war sehr erfreut über die Erweiterung des Frankfurter Glockenbestandes. Wie bereits erwähnt ertönt sie wieder zur halben und vollen Stunde. Ermöglicht wurde dies durch Spenden beim monatlichen „Krimmelkuche-Kaffee“ im Turm und verschiedene Sponsorengelder.

Die Feuerglocke / Schlaguhr im Eschenheimer Turm, Foto: Bernd Hillig

Noch etwas Ungewöhnliches sollte der Turm in diesem Jahr erleben. Der Hessische Rundfunk wollte aus der Reihe

‚Hessen Drei unterwegs' die zweite Serie „Hessen à la carte" über Frankfurt drehen. Bei Informationsgesprächen wurde auch über den Eschenheimer Turm, das Wahrzeichen der Stadt, gesprochen. Die Redakteure, Michaele Scherenberg und Karl-Heinz Stier, hatten die Idee, den Film mit einem märchenhaften Abschluß zu krönen: Gansessen im Kaminzimmer des Eschenheimer Turmes, mit vornehmer Gesellschaft und musikalischer Untermalung. Das mußte gründlich vorbereitet werden. Zunächst wurden Tisch und Stühle aus dem Fundus herbeigeschafft. Da die schweren Möbelstücke nicht über die Wendeltreppe transportiert werden konnten, mußten sie mit dicken Seilen von außen über die Galerie hochgezogen werden. Für die Aufnahmen wurde dann der Tisch mit edlem Damast und altem Silber aus dem Hausschatz von Willy Berger, damals noch Inhaber des „Dippegukker", gedeckt. Im alten gotischen Kamin konnte zu der Zeit nur ein künstliches Feuer angemacht werden, was leider nicht wärmte, denn bei den Aufnahmen Ende Oktober war es schon sehr kalt im Turm. Die fein, aber nicht besonders warm angezogenen Gäste waren daher erfreut, als die frisch gebratene, dampfende Gans, nach Frankfurter Art gefüllt mit „Käste" (Kastanien), auf den Tisch kam. Die Szene wurde abgerundet durch das Auftreten eines wunderschön gekleideten Burgfräuleins, welches auf der Flöte „Engels Nachtegaeltje" spielte, ein Stück aus der Zeit um 1646.[105] Dabei stellte sich heraus, daß der Eschenheimer Turm eine hervorragende Akustik hat. Es war eine unbeschreibliche Atmosphäre, um uns herum die alten morbiden Räumlichkeiten, dazu der festlich gedeckte Tisch in strahlendem Kerzenlicht und die herrlich duftende Gans. Leider konnten wir nicht gleich essen, wir mußten warten, bis die Einstellung zu den Filmaufnahmen stimmte, und dann war die Gans kalt. Für alle Beteiligten war es wie ein zur Wirklichkeit gewordenes Märchen. Auch das Schlußbild des Filmes blieb märchenhaft, im Torbogen des Turmes saß „Das kleine Mädchen mit den Schwefelhölzern". So etwas hatte der Turm in der langen Zeit seines Bestehens noch nicht erlebt.

[105] aus: „Der Fluiten-Lusthof", J. van Eyck.

Gansessen im Eschenheimer Turm bei Dreharbeiten zu Hessen à la carte Nr. 2, Foto: Jörg Ludwig

Im September 1986 begannen die Bauarbeiten für die „schienenfreie Innenstadt".[106] Da nun die Gleise der Straßenbahn aus der Schillerstraße genommen wurden, konnte der Platz um den Eschenheimer Turm in die Fußgängerzone einbezogen werden. Es war ein Anfang der zu dem Ziel führen sollte, den Eschenheimer Turm wieder in das Leben der Stadt zu integrieren. Auch die ständigen Berichte und Kommentare in der gesamten Frankfurter Presse bestätigten das nicht nachlassende Interesse an allem, was in Verbindung mit dem Eschenheimer Turm geschah. Im beliebten „Frehlichen Frankfort-Telefon" erzählte Frank Lehmann, daß sein Gebabbel über den Turm so resonanzträchtig sei, daß er sich weiterhin des Themas annehmen würde.

Für die Zeit nach Beendigung der Bauarbeiten in der Schillerstraße konnten wir endlich eine Aktion zu Füßen des Turmes planen. Termin 9. Mai 1987. Der damalige Ober-

106 18 Millionen für schienenfreie City, in: FR 18.2.1986.

bürgermeister Wolfram Brück stimmte zu, die Schirmherrschaft zu übernehmen. Es sollte eine große und bedeutungsvolle Aktion werden, unter dem Motto „Unser Turm soll leben“. Angefangen bei den einzelnen Aktionen bis hin zu den Genehmigungen, mußten wir alles selbst organisieren, da kein Geld zur Verfügung stand, eine Werbeagentur damit zu beauftragen. Um die Spendenfreudigkeit der Bürger anzureizen, wollten wir zunächst einen Baustein schaffen. Die Anregung hierzu kam von einer Fotografin. Bei einer Führung durch den Turm war sie von den Lichtverhältnissen so fasziniert, daß sie unbedingt im Innern fotografieren wollte. So kam die Idee zustande, einen Satz Postkarten zu gestalten. Verschiedene Firmen und Frankfurter Banken konnten wir gewinnen, die Finanzierung wie Kostüme, Lithos, Druck usw. zu übernehmen. Wir mußten auch geeignete Models finden, die sich zur Verfügung stellten. Eines davon war der Senior-Chef des Kostüm-Verleihs, Otto Jansen.[107] Er war so begeistert, als alter Frankfurter einmal in den Turm zu kommen, daß er sämtliche Kostüme für die Aufnahmen kostenlos zur Verfügung stellte. Die sechs Postkarten im Umschlag wurden zum ersten Baustein für den Eschenheimer Turm. Nach Fertigstellung des Postkartensatzes (Falten und einsortieren) waren wir erst am Anfang der vielfältigen Vorbereitungen für die große Aktion, diesmal zu Füßen des Turmes. Noch viel war zu tun und zu organisieren, aber Dank der Helfer, die bereit waren zuzugreifen, ist es gelungen, das Vorhaben in die Tat umzusetzen. Endlich war es soweit. Als dann am 9. Mai 1987 der Fanfarenzug (1. Fanfaren Corps Bonames 1979 e.V.) durch die Schillerstraße zog, hinauf auf die Galerie des Eschenheimer Turmes, um von dort ein Ständchen zu blasen, war zu spüren, das wird ein gelungenes Fest. Nach einer Ansprache von Baudezernent Dr. Hans-Erhard Haverkampf moderierte Liesel Christ von der Bühne aus das Tagesgeschehen. Die „New Orleans Jazzband“ spielte heiße Rhythmen. Ein weiterer Höhepunkt war der Auftritt von Schülerinnen der Anna-Schmidt-Schule. Sie spielten einen passenden Sketch aus dem Frankfurter Märchenschatz: „Wie die vier Warttürme sich

[107] Otto Jansen, verstorben am 12.6.1998 im 92. Lebensjahr, Theaterkostüme Jansen GmbH.

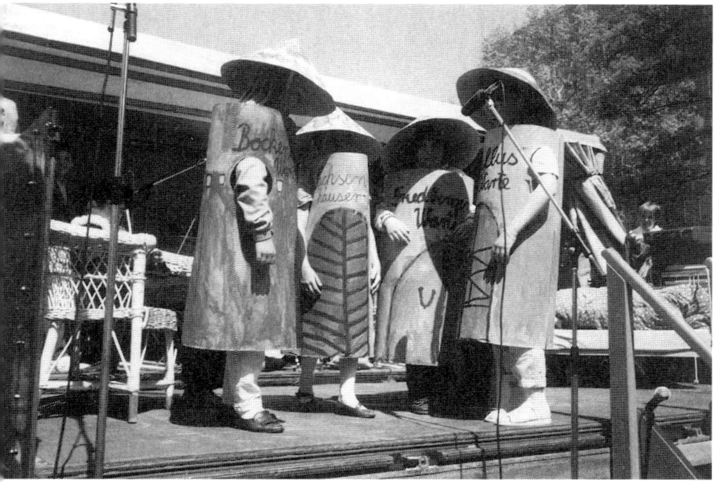

Schülerinnen der Anna-Schmidt-Schule beim Theaterspiel, Foto: privat

Es folgte der Startschuß zur Restaurierung, Foto: privat

beim Senat der Freien Stadt Frankfurt beschweren". In dieser Geschichte beklagen sich die Warten, daß sie verkommen, wenn sie nicht restauriert würden, geschehen im Heumond des Jahres 1826. Aus der Gulaschkanone des DRK dampfte die Erbensuppe, dazu gab es die Frankfurter Getränke Äpfelwein und Bier. Ein Frankfurter Konditormeister und seine Frau verkauften Hartekuchen in Eschenheimer-Turm-Form. Es gab kleine und große Eschenheimer-Turm-Bastelbogen und vieles mehr, alles zu Gunsten des Eschenheimer Turmes. In der Schalterhalle der *Neuen Presse* wurde eine Ausstellung gezeigt: „Entwicklung und Bedeutung des Eschenheimer Turms", zusammen mit einem zwei Meter hohen Nachbau des Turmes. Sämtliche Zeitungen berichteten Positives über die Aktion, sie brachten das ernsthafte Interesse der Bürger an dem ehrwürdigen Bauwerk der Stadt zum Ausdruck.

Eine Woche später, bei einer abschließenden Besprechung im Kaminzimmer des Eschenheimer Turmes gab der Baudezernent Dr. Hans-Erhard Haverkampf dem Leiter des Hochbauamtes den Auftrag, die Umsetzung des Projektes am Eschenheimer Turm in die Wege zu leiten.

Im Juli 1988 war in der Frankfurter Presse zu lesen, daß noch im gleichen Jahr mit dem Baubeginn am Turm und um ihn herum zu rechnen ist. Die Ausgangsbasis für alle Beteiligten am Projekt war, einen Dialog zwischen Gegenwart und Vergangenheit architektonisch zu thematisieren und baulich zu realisieren. Vertreter der Stadt Frankfurt, die Fachbehörden, die planenden Architekten sowie die Bauleitung gingen gemeinsam an diese Aufgabe heran. Im Innern des Turmes sollte der Charakter des Festungsturmes erhalten bleiben bzw. wieder hergestellt werden. Dafür war Architekt Dr. Ernst Schirmacher, Vater der Römerberg-Bebauung, zuständig und für den äußeren Bereich einschließlich Ausstattung des Torbogens mit einer kleinen Gaststätte, Architekt Prof. Johannes P. Hölzinger und Architekt Dipl. Ing. Berthold Ressler. Ihre Aufgaben haben die Architekten folgendermaßen beschrieben: „Gegensatz, Umkehrung und die Durchdringung von alt und neu sind das formale Thema der Neugestaltung.“ Der Verlauf der historischen Wehrmauer sollte durch eine Glaswand, nach oben begrenzt durch ein Lichtrohr, angedeutet werden, gleichzeitig gedacht als Abgrenzung zur verkehrsreichen Taubenstraße hin. Nachdem die Pläne öffentlich bekannt wurden, gab es hitzige Diskussionen um diese Glaswand, denn viele Frankfurter wollten stattdessen eine historisierende Gestaltung am Turm. Die Aktionsgemeinschaft der Freunde Frankfurts wurde diesbezüglich beim Baudezernenten vorstellig, um den Einwand dieser Bürger insbesondere gegen eine gläserne Wand vorzutragen – jedoch die Entscheidung über den Bau des Projektes war getroffen.[108] Auch das Amt für Denkmalschutz hatte keine Einwände gegen eine zeitgenössische Gestaltung, da von der alten historischen Stadtmauer nichts mehr vorhanden war.

Um allen Frankfurtern sowie den Spendern gerecht zu werden, beschlossen wir daher, die Spendengelder für den Innenausbau des Turmes zur Verfügung zu stellen. Allerdings waren die bisher eingegangenen Beträge noch gering. Wir mußten uns weiterhin bemühen, vielleicht noch einen zweiten Baustein zu finden, der die Spendenfreudigkeit anreizte.

Der Frankfurter Maler und Grafiker, Gerd Kehrer, war gerade dabei. einen Kunstdruck aus seiner Serie „Frankfurter Türme und Warten“ fertigzustellen. Die Freunde Frankfurts konnten von ihm den limitierten Kunstdruck, eine Collage aus Papier und Film mit Übermalungen auf Hartfaser erwerben. So wurde es möglich, jedem, der einen Mindestbetrag

[108] Schreiben der Freunde Frankfurts e.V. 10.7.1989.

von DM 40,– spendete, ein „Dankeschön“ zu überreichen. Viele Frankfurter Firmen, Geschäftsleute und Banken beteiligten sich an der Spendenaktion.

Schon im Herbst 1988 wurde fünf Tage lang vom 4. bis 8. Oktober in der Schillerstraße gefeiert. Organisator war die Aktionsgemeinschaft Schillerstraße mit ihrem Logo „Hier sind Sie herzlich willkommen“. Grund hierfür war die Fertigstellung der neuen Fußgängerzone vom Börsenplatz bis hin zum Eschenheimer-Tor-Platz. Höhepunkt der Aktion am 6.10.1988 wurde die Enthüllung der Bronze-Statuen „Bulle und Bär“ ein Symbol der Börse. Die beiden Figuren stehen für Hausse und Baisse – das Steigen und Fallen der Börsenkurse. Bei dieser Aktion in der Schillerstraße hatte auch die Aktionsgemeinschaft Eschenheimer Turm einen großen Info-Stand, und uns gegenüber auf der Bühne hatte sich der in Frankfurt bekannte und beliebte „Trödler Jim“ alias Heinz Linden vorgenommen, den von den Geschäftsleuten der Schillerstraße eingesammelten Trödel zu Gunsten des Eschenheimer Turms zu verhökern.[109] Ihm zur Seite stand Frank Lehmann, der Berliner-Frankfurter, ein großartiges Duo. Die angebotenen Stücke waren bald vergriffen.

Während dieser Aktionstage kam eine ältere Frankfurterin an unseren Stand und sagte, daß sie auch für den Eschenheimer Turm spenden aber ungenannt bleiben wolle. Sie hat vorgeschlagen, sich mit der Autorin in einem kleinen Frankfurter Kaffeehaus zu treffen. Ein paar Tage später übergab die Namenlose dann beim vereinbarten Treffpunkt in einem Kuvert zehn Röllchen, die aussahen wie Zigaretten, doch in jedem Papier war ein Hundertmarkschein eingepackt. Die gleiche Summe gab sie nochmals bei einem zweiten Treffen für das Spendenkonto des Eschenheimer Turmes. Eine sehr ausgefallene Art das Geld zu überreichen. Aber es war zu spüren, daß ihr die Spende für den Turm viel Freude machte.

Um die Frankfurter immer wieder vom fortschreitenden Stand des Projektes Eschenheimer Turm zu unterrichten, stell-

[109] Heinz Linden, hauptberuflich Leiter des Ersatzteillagers beim Stadtreinigungsamt, hat viele Jahre den Erlös aus dem zusammengetragenen und reparierten Trödel aus der Müllabfuhr zu Gunsten für kranke Kinder und notleidende Menschen zur Verfügung gestellt. Für sein soziales Engagement wurde er im Jahre 1988 mit dem Bundesverdienstkreuz ausgezeichnet.

Präsentation des Kunstdruckes von Gerd Kehrer im Eschenheimer Turm, Foto: Gerd Scheffler

ten wir einfache Informationsstände auf, z.B. bei den Museumsuferfesten und einmal direkt vor dem Reisebüro „Rosa Wolke", damals noch in der Schillerstraße. Dieser 15. April 1989 war ein kalter April-Samstag, der allen Helfern zusätzlich einen Schnupfen einbrachte.

Informationsstand in der Schillerstraße, Foto: Elke Awiszus

Nach Abschluß der verschiedenen Genehmigungsverfahren konnte bei der letzten Plenarsitzung der Stadtverordnetenversammlung vor den Sommerferien im Juli 1989 endlich der Startschuß zum Beginn der Renovierungsarbeiten am Eschenheimer Turm gegeben werden. Schon davor hatten wir zusammen mit der AG Schillerstraße zum 5. August 1989 eine weitere Veranstaltung unter dem Motto „Samstags-Spaß in der Schillerstraß'!" geplant. Sie stand nun unter einem guten Stern. Die Aktionen waren wichtig, denn es mußte noch Geld für die Einrichtung des Kaminzimmers gesammelt werden. Wieder dabei waren die Red Hot Beans mit ihrem New-Orleans-Jazz, der beliebte HR-Moderator Frank Lehmann und Trödler Jim, der diesmal den „Nachttopf von Miß Marple" zu Gunsten des Eschenheimer Turms versteigerte. Am Stand vom „Dippegucker" gab es köstliche Frankfurter Spezialitäten. Der engagierte Gastwirt wollte nach Fertigstellung der Bauarbeiten ein Bistro im Torbogen des Turmes eröffnen. Ein Renner war die dampflockgezogene Mini-Bahn für Kinder, die an diesem Tag durch den nördlichen Teil der Schillerstraße keuchte, und eine Negerkuß-Wurfmaschine mit ihren süßen Geschossen sorgte für viel Spaß. Der Platz vor dem Eschenheimer Turm wurde mit wunderschönen Blumen von der Bundesgartenschau 1989 geschmückt. Wie bei allen Aktionen war auch an diesem Tag der „Echo-Trompeter vom Taunus", Walter Müller, dabei. Seine Liebe galt den Türmen

Der Turmbläser Walter Müller, Foto: Peter Müller

der Stadt. Er kam extra aus Butzbach gefahren. Von den Zinnen des Turmes ertönten dann beliebte Evergreens zur Freude vieler Frankfurter; sein Lohn eine Flasche Wasser, um die Lippen zu befeuchten. Sämtliche Geschäftsleute der Schillerstraße beteiligten sich an diesem Samstagsspaß. Es sollte auch erwähnt werden, daß zwei der großen Frankfurter Getränkefirmen jeweils für Aufstellung der Bühne, die Lautsprecheranlagen etc. sorgten und meistens auch die Musikgruppen bezahlten.

Unsere über Jahre durchgeführten Aktionen, jeweils positiv unterstützend von der Presse begleitet, die ständige Verbindung und Korrespondenz mit den für die Planung zuständigen Stellen sowie die vielen Interviews in Funk und Fernsehen haben sicher dazu beigetragen, daß der Startschuß zur Renovierung gegeben werden konnte. In der Frankfurter Presse war nun zu lesen, daß der ‚hohle stumpfe Zahn' (endlich – A.d.V.) wachgeküßt wird.

Ein Traum erfüllt sich

Tausend fleißge Hände regen,
Helfen sich in munterm Bund,
Und in feurigem Bewegen
Werden alle Kräfte kund.

aus Schillers „Lied von der Glocke"

Mit allgemeiner Freude wurde der Beginn der Restaurierungsarbeiten am Eschenheimer Turm vom Februar 1990 zur Kenntnis genommen. Aber bis zur Fertigstellung und Übergabe an die Öffentlichkeit war es noch ein langer und holpriger Weg. Bei der Restaurierung eines so alten Gebäudes tauchen immer wieder unvorhersehbare Probleme auf, wodurch sich jeweils große zeitliche Verschiebungen ergeben, was hier an einigen Fakten aufgezeigt werden soll. Es begann bereits damit, daß das Außengerüst und die schweren Baumaschinen nicht aufgestellt werden konnten, da dies eine feste Unterlage voraussetzt. Wegen der seit Monaten andauernden Straßenarbeiten in der Schillerstraße konnte eine endgültige Pflasterung über dem Sandboden nicht durchgeführt werden. Eine Lösung ergab sich im April 1991. Die Baustelle Schillerstraße wurde am Platz vor dem Eschenheimer Turm verkürzt, so konnte die Pflasterung begonnen werden und damit die Aufstellung des Gerüstes und der Baumaschinen erfolgen.

Ein weiteres großes Problem war der Außenputz an dem mittelalterlichen Bauwerk. Erst nach Aufstellung des Außengerüstes wurde festgestellt, daß sich der 1976 aufgetragene Putz teilweise vom Mauerwerk des Turmes gelöst hatte. Es mußte eine Firma gefunden werden, die nach mittelalterlichen Rezepturen einen Putz zusammenstellen konnte, dessen Verarbeitung zusätzlich besonderes handwerkliches Können voraussetzte. Dieser Mineral-Putz mußte, nachdem der Unterputz abgetrocknet war, per Hand aufgetragen werden, was sehr zeitaufwendig und auch teuer war. Da diese Maßnahme den ursprünglichen Kostenrahmen sprengte, mußte zunächst ein weiterer Magistratsbeschluß herbeigeführt werden. Für die Farbe des Putzes an dem alten Gemäuer hatte der Frankfurter Denkmalpfleger vorgegeben, eine „Kartoffelfarbe" zu verwenden. Doch bevor der Putz aufgetragen werden konnte, mußte eine Genehmigung für die zusätzlichen Kosten eingeholt werden. Eine weitere Verzögerung ergab sich daraus, daß noch vor Anbringung des Putzes die total schadhaften Sandstein-Fenstereinrahmungen am Turm erneuert werden mußten. Im Kaminzimmer (2. OG.) wurden – passend zur gotischen Einrichtung – Fenster mit gelb getönten Butzenscheiben aus Goetheglas eingesetzt.[110]

Ein zwischenzeitlich eingeholtes statisches Gutachten ergab, daß der „Turm-Fuß“ (viereckiger Unterbau) gesichert werden mußte. Daher wurden im Torbogen stählerne Spannanker nach allen vier Richtungen wie Korsettstangen eingezogen. Zu der Zeit war es noch fraglich, ob ein Durchbruch an der östlichen Seite des Unterbaues zur Wendeltreppe hin möglich war, ohne die Statik des Turmes zu gefährden. Glücklicherweise fand sich in der Graphischen Sammlung des Historischen Museums die detaillierte Zeichnung von Carl Theodor Reiffenstein, wodurch nachgewiesen werden konnte, daß schon früher ein Durchgang vorhanden war. Dieser wurde wieder geöffnet und dadurch ein Zugang geschaffen, damit der Besucher sicheren Fußes zum Aufgang in den Turm gelangen kann. Bisher war der Eingang nur durch die alte Außentür an der östlichen Seite des Turmes möglich, mit einem Abstand zur stark befahrenen Straße von knapp einem Meter.

Im Innern des Turmes waren die Restaurierungs- und Säuberungsarbeiten bereits zügiger fortgeschritten. Gemäß Vorgabe in der Baubeschreibung vom September/Oktober 1988 sollten sämtliche Innenwände entfernt werden. Dabei wurde auch im 4. OG. die aus alter Zeit – Datum nicht bekannt – stammende Fachwerkquerwand beseitigt, ohne die dokumentarische Bedeutung zu beachten. Um festzuhalten, wo sich das Kneipzimmer befunden hatte, wurde das Fachwerk wieder aufgebaut, allerdings ohne die Füllung zwischen den Balken (Wandausfachungen). Bei einer Besprechung mit der Bauleitung im Hochbauamt am 18.1.1990 stellte sich heraus, daß im 2. OG. für die Möblierung des Kaminzimmers keine besondere Einrichtung vorgesehen war. Die Aktionsgemeinschaft Eschenheimer Turm hatte sich bereits vorgenommen,

[110] Goetheglas ist schlieriges Glas mit kleinen Luftbläschen, nur in Frankfurt so benannt.

Bau der Gotischen Sitztruhen, Werkstatt der Firma F. Schmidt GmbH, Frankfurt am Main

Einzug des Gotischen Kandelabers in den Turm, Geschenk der Firma Wellmann, Frankfurt am Main

dem Kaminzimmer entsprechend seiner Bedeutung eine Ausstattung im gotischen Stil zu geben. Ein nochmaliger Spendenaufruf „An Alle Freunde des Eschenheimer Turmes“ (November 1988) hatte es möglich gemacht, daß die finanziellen Mittel für die Einrichtung des Kaminzimmers zur Verfügung standen. Es würde nicht einfach sein, entsprechendes Mobiliar zu beschaffen, da Originale kaum zur Verfügung standen bzw. im Preis unerschwinglich und auch nicht benutzbar wären. Die zur Einrichtung notwendigen Gegenstände mußten nachgebaut werden. Fachliche Berater und unermüdliche Helfer mit Spürsinn und guten Ideen trugen dazu bei, passende Modelle und Vorlagen aufzutreiben.[111] Als erstes fand sich in Florenz in den Uffizien ein gotischer Klappstuhl, der für uns nachgebaut werden konnte. Aus dem Museum für Kunsthandwerk in Frankfurt, Abt. Gotik, stammen die Vorlagen und Muster zu dem Klapptisch und einem Scherensessel (um 1500). Ein Frankfurter Schreinermeister, der auch das abgelagerte Holz zur Verfügung hatte, baute diese Einzelteile sowie die in den runden Raum eingepaßten Sitztruhen mit Sachkenntnis und viel Gefühl für Details. Auch die in der Gotik üblichen Wandbehänge wurden von einer Frankfurter Firma hergestellt. Den im gotischen Stil nachgebauten Leuchter für

[111] Willy Berger, Horst und Renate Mundry.

Fundstücke aus dem Eschenheimer Turm, Foto: Boeckheler

das Kaminzimmer stiftete eine einheimische Schlosserei. Dieser handwerklich hergestellte Kandelaber aus Schmiedeeisen mit den Wappenschilden der Frankfurter Patrizier ist eine gelungene Nachbildung aus dem 15. Jahrhundert. Der offene gotische Kamin (2.OG.) einschließlich des Schornsteins war saniert worden, so daß die Feuerstelle bei Bedarf wieder genutzt werden konnte. Da die künftige Nutzung des Turmes nur bis zum Kaminzimmer vorgesehen ist, wurde aus feuerschutz- und wärmetechnischen Gründen nach den oberen Geschossen zwischen dem 2. und 3. Obergeschoß eine Brandschutzdecke mit abzuschließender Falltür eingezogen. Soweit notwendig, erhielt die aus der Erbauungszeit stammende und noch erstaunlich gut erhaltene Keilstufentreppe neue Trittstufen.

Bei den vorgesehenen Instandsetzungs- und Säuberungsarbeiten in den oberen Stockwerken des Turmes (3.–8. Obergeschoß) wurden alte Glasscherben und Knochenteile gefunden. Das Museum für Vor- und Frühgeschichte in Frankfurt hat die Funde analysiert und die Glasteile – soweit möglich – zusamengesetzt. Die Fundstücke werden nun in einer Vitrine im Kaminzimmer aufbewahrt.

Inzwischen waren auch die notwendigen technischen Ver- und Entsorgungseinrichtungen von Gastronomie und Turm insgesamt fertiggestellt. Sie sind u. a. aus Platzgründen in dem angebauten östlichen und westlichen Teil des Turmes untergebracht und über einen unterirdischen Techniktunnel miteinander verbunden. In die beiden schachtartigen Öffnungen im Gewölbe des Torbogens, die seinerzeit verteidigungstechnisch als Pechschütten vorgesehen waren, wurden lange Streifen aus Edelstahl montiert. Diese Lichtblenden aus Metall symbolisieren herabfallenden Schutt aus Stein oder das heiße Pech, das bei Belagerungen den Durchgang des Turmes blockieren sollte. Die sorgfältig gestaltete Einrichtung der Gaststätte aus Glas, Stahl und Beton stellt die Verbindung zwischen dem alten Gebäude und dem modernen Außenbereich des Turmes her.

Auf der westlichen Seite des Platzes vor dem Turm sollte ein kleiner Sommergarten für die Gäste des Lokales entstehen, sichtbar durch ein mit schwarzem und weißem Naturstein schachbrettartig belegtes Bodenfeld. Da dieser Bereich mit der abschließenden Mauer zunächst heftige Diskussionen auslöste, soll hier die komplizierte technische Lösung in Verbindung mit der Architektur dargestellt werden, wie es von einem federführenden Architekten der Autorin beschrieben wurde: „Aus dem ursprünglich angedachten Nachbau eines Stückes der historischen Wehrmauer der Stadt wurde ein einprägsames Ensemble zeitgenössischer Architektur. Über dem Linienverlauf der historischen Stadtmauer wurde der offene Raumbegriff der heutigen Zeit sozusagen im Dialog zum geschlossenen Raumbegriff der Vergangenheit realisiert, den der Turm verkörpert. Das transparente Glasvolumen, aus dem Turmsockel heraus nach Westen hin, thematisiert die ehemals vorhandene Masse der Mauer. Es endet zwischen zwei schlanken Winkeln (Außenstation – A.d.V), die, reduzierten Skulpturen ähnlich, aus einer Licht-Bodenfuge scheinbar aufsteigend frei im Platzraum stehen. Granit, weiß zum Bodenfeld nach Süden, schwarz nach Norden hin, materialisiert diese offene Raumstruktur. Weiter nach Westen hin zeigt nurmehr eine Edelstahl-abgedeckte Spur im Boden den Verlauf der alten Mauer. Filigrane Transparenz, eine Glaswand, führt die Anlage dort zu Ende. Der architektonische Dialog findet seinen Abschluß in einer Licht-Linie, die über Glaswand und -gang, zwischen den Winkeln hindurch bis ins Innere der Tordurchfahrt den Turmsockel scheinbar durchdringt und sich sogar noch einmal auf der Ostseite zeigt. Sie verbindet anschaulich die Architekturen des Ortes, jede Zeugnis ihrer Zeit, zu einem harmonischen Ganzen." Der an der östlichen Seite des Torplatzes stehende Baum hat die Zeit der Sanierung ohne Schaden überstanden, er konnte erhalten bleiben.

Nachdem die Sanierungsarbeiten fast abgeschlossen waren, kam es Ende Juni 1992 zu einem bemerkenswerten Diebstahl. Die gerade wieder installierte und frisch vergoldete Wetterfahne wurde von der Turmspitze gestohlen. Wahrscheinlich ist das ca. 50 Kilogramm schwere Souvenir über die Alu-Leitern des Außengerüstes abtransportiert worden. Bis heute gibt es keine Spur über den Verbleib. Da das Ende der Sanierung bevorstand, mußte kurzfristig ein Ersatz geschaffen werden, denn ohne Wetterfahne fehlte dem Turm seine sagenumwobene Spitze.[112] Nachdem sich die neu hergestellte Ersatz-Wetterfahne wieder auf dem angestammten Platz drehte, wurde das Gerüst, welches über zwei Jahre den Turm umhüllte, schnellstens abgebaut. Endlich konnte die symbolische Übergabe des sanierten Turmes an die Öffentlichkeit erfolgen.

Am Samstag, dem 12. September 1992, 11 Uhr, war es soweit. Von den Zinnen des Eschenheimer Turmes eröffnete der Echo-Trompeter das Fest. Oberbürgermeister Andreas von Schoeler und einige Repräsentanten unserer Stadt waren erschienen. Zunächst wurden einige beeindruckende Reden zur schwierigen und etliche Jahre andauernden Sanierung des historischen Gebäudes gehalten. Um auch der Sage gerecht zu werden, pflanzte der Oberbürgermeister am Fuße des Turmes noch den Efeu ein, der den alten Wächter beschützend umran-

[112] Winkelsees Fahne gestohlen, in: FR 22.7.1992.

Freiherr von Bethmann überreicht die Schenkungsurkunde an Oberbürgermeister Andreas von Schoeler (rechts dahinter Johannes Lueg), Foto: Peter Müller

ken sollte. Dazu ertönten vom ‚Schützenverein Eschersheim e.V. 1903' einige lautstarke Böllerschüsse. Danach ging es unter Führung von einem als Hans Winkelsee verkleideten jungen Frankfurter mit dem Bärbelchen,[113] sowie den Vertretern der Stadt hinauf in das Kaminzimmer im 2. Obergeschoß des Turmes. Dort angekommen, erklangen alte Weisen, gespielt auf historischen Instrumenten von einer Gruppe in gotischer Kleidung. Im Kamin loderte ein richtiges Feuer und die Kerzen auf dem Kandelaber spendeten wohltuendes Licht. Es war ein ergreifender Moment für alle Anwesenden, als Johann Philipp Freiherr von Bethmann dem Oberbürgermeister der Stadt Frankfurt voller Stolz den Schenkungsbrief überreichte, in dem u.a. zu lesen war:

„Das Mobiliar wurde nach Vorbildern in Frankfurt am Main, Goslar und Florenz, im gotischen Stil geschaffen. Die Finanzierung

[113] Ute und Bernd Sommer.

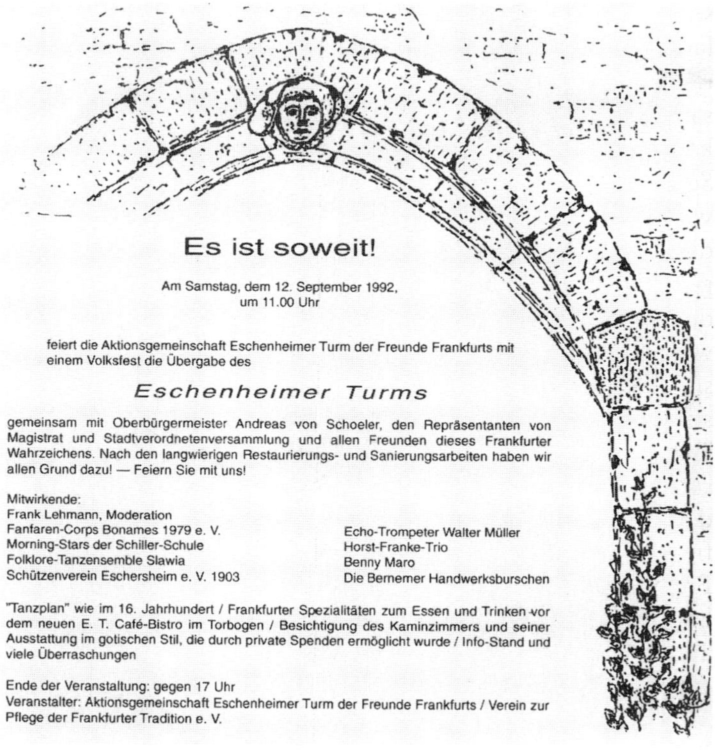

Es ist soweit!

Am Samstag, dem 12. September 1992,
um 11.00 Uhr

feiert die Aktionsgemeinschaft Eschenheimer Turm der Freunde Frankfurts mit einem Volksfest die Übergabe des

Eschenheimer Turms

gemeinsam mit Oberbürgermeister Andreas von Schoeler, den Repräsentanten von Magistrat und Stadtverordnetenversammlung und allen Freunden dieses Frankfurter Wahrzeichens. Nach den langwierigen Restaurierungs- und Sanierungsarbeiten haben wir allen Grund dazu! — Feiern Sie mit uns!

Mitwirkende:
Frank Lehmann, Moderation
Fanfaren-Corps Bonames 1979 e. V.
Morning-Stars der Schiller-Schule
Folklore-Tanzensemble Slawia
Schützenverein Eschersheim e. V. 1903
Echo-Trompeter Walter Müller
Horst-Franke-Trio
Benny Maro
Die Bernemer Handwerksburschen

"Tanzplan" wie im 16. Jahrhundert / Frankfurter Spezialitäten zum Essen und Trinken vor dem neuen E. T. Café-Bistro im Torbogen / Besichtigung des Kaminzimmers und seiner Ausstattung im gotischen Stil, die durch private Spenden ermöglicht wurde / Info-Stand und viele Überraschungen

Ende der Veranstaltung: gegen 17 Uhr
Veranstalter: Aktionsgemeinschaft Eschenheimer Turm der Freunde Frankfurts / Verein zur Pflege der Frankfurter Tradition e. V.

Handzettel zum Startschuß am 12. September 1992

dieser Einrichtung erfolgte durch Spenden, die Frankfurter Bürgerinnen und Bürger, Unternehmen und Institutionen aufgrund des Spendenaufrufs der Aktionsgemeinschaft Eschenheimer Turm der Freunde Frankfurts vom November 1988 uns zukommen ließen.

Wir bitten Sie, verehrter Herr Oberbürgermeister, dieses Geschenk der ‚Freunde Frankfurts' für die Stadt Frankfurt entgegenzunehmen am Tage der vollendeten Restaurierung dieses alten Frankfurter Wahrzeichens Eschenheimer Turm."

Da der Raum im Turm sehr klein war, konnten nur wenige Personen bei dieser feierlichen Übergabe dabei sein. Anschließend bestieg die Gruppe die oberen Stockwerke. Hoch oben im 7. OG. hat der Oberbürgermeister an diesem Tag mit 12 Schlägen auf der alten Glocke die Mittagsstunde und damit die weiteren Aktivitäten des Tages eingeläutet. Jetzt konnten auch die massenhaft anstehenden Besucher den Eschenheimer Turm besichtigen. Ein historisch gekleideter Turmwächter sorgte am Eingang des Torbogens für den reibungslosen Ablauf. Vor dem Turm war eine Bühne aufgebaut. Von da moderierte Frank Lehmann in seiner beliebten Weise das interessante Geschehen um den Eschenheimer Turm. Liesel Christ kam auf die Bühne und zeigte sich erfreut über das Ende der Sanierung. Auch ein neues „Eschenheimer-Torm-Lied“ wurde vorgetragen. Unsere Mundartdichterinnen und -dichter, für die der Eschenheimer Turm schon immer ein beliebter Gegenstand ihrer Reimkunst war, hatten einige Verse geschmiedet, die nun vorgetragen wurden. Auch die „Bernemer Handwerksburschen“, die im Alltag Handwerksmeister sind, hatten sich für den Turm ein passendes Lied ausgedacht, das schwungvoll gesungen über den Platz vor dem Eschenheimer Turm ertönte. Das Folklore-Tanzensemble *Slawia* führte verschiedene Tänze auf und dann tanzten alle Besucher, die Lust dazu verspürten. Es war wie bei einer großen Familie, die sich freute, daß ihr Turm wieder ‚wachgeküßt‘ war. Sämtliche Frankfurter Zeitungen, auch überregionale Blätter, berichteten begeistert von diesem besonderen Tag für den Eschenheimer Turm. Übrigens, der Eschenheimer Turm hat für sich allein eine Postleitzahl bekommen: 60318.

Es blieb noch einiges zu tun. Im Torbogen des Turmes mußte noch das Bistro mit seiner komplizierten Einrichtung fertiggestellt werden. Besonders schwierig war es, die auf Millimeter genau berechnete Mini-Küche einzubauen, dann erst konnten die zur Ausrüstung des Raumes passenden Tische und Barhocker aufgestellt werden. Am 13. Juni 1993 öffnete das Lokal seine Pforten für die Gäste. Der künftige Turmwirt hatte zu diesem Anlaß extra einen wohlschmeckenden „Bärbel’sche Cocktail“ gemixt. Mit Edelstahl, Glas und Marmor war die neue Zeit im alten ehrwürdigen Torbogen eingezogen. Auf dem Platz vor dem Turm stand an diesem Tag ein festlich geschmückter Sechserzug der Brauerei Henninger, wie immer viel bewundert. Ein paar Tage vor Eröffnung des Lokales kam es zu einem außergewöhnlichen Zwischenfall im Turm. Bei einer kleinen Inspektion wurde im Kaminzimmer ein großer Vogel entdeckt. Er hatte sich dort im Gebälk niedergelassen, wie sich später herausstellte, war es ein brasilianischer Papagei. Es blieb ungeklärt wann und woher er kam.[114] Als die Geschichte einem Frankfurter Mundartdichter zu Ohren kam, hat es ihn angeregt, dieses in Versen festzuhalten:

„En Exot im Kaminzimmer vom Eschenheimer Torm"

von Erich Fries

In Frankfurt, des zu alle Zeite
schon gut war fer Besonnerheite,
Da hat sich, in de jüngste Daache
was Unglaubliches zugetraache,
Im Eschenheimer Tormgemäuer
schien erschend ebbes net geheuer.
Was selbst die Tormkenner verwunnert,
weil seit dem fuffzehnte Jahrhunnert,
Das heisst, seitdem mer'n Torm errichtet,
kaa Chronik un aach kaa Geschicht
Jemals schon dadevon bericht',
dass en Exot aus fernem Land
Im Torm e haamlich Schlupploch fand
Um innedrin Asyl zu finne
un freiwillich net zu verschwinne!

De neue Tormwirt „Willy Berger"
wollte (Zwecks Abwendung von Ärjer)
Gemeinsam mit Frau Schwarz nochmal,
vor de Eröffnung vom Lokal,
(Nach Abschluß von dem Renovier'n);
de Torm – bis obbe – inspizier'n.

Als Sie's Kaminzimmer dorchquert,
hawwe Se e Geräusch geheert
Des Se hierdrin noch nie vernomme,
was Ihne seltsam vorgekomme!
Sie sah'n sich um un sah'n erschrocke
en Fremde uff em Balke hocke
Der sie begrüßte, mit Geschrei,
der war *en griene Babbegei!*
Kaan Wellesittich, so kaan klaaner,
sondern en große Brasilianer

[114] Exotisches Gefieder im Turm, in: FR 13.5.93.

Der wohl vom Amazonas kam
un sich hier fühlte wie dehaam!
Vermutlich hatt' der dort vernomme
in Frankfurt ließ sich's unnerkomme
Die Mensche wär'n dort tolerant,
hätte kaa Blasrohr in de Hand
Mit dem se dann Exote jaache
um deren Fedderschmuck zu traache.

Herr Berger zögerte net lang
denn trotz dem Tier seim Freiheitsdrang
Mußt des eigefange wer'n!
Bekanntlich hat's en Gast net gern
Wenn – während er genüßlich speist –
en Babbegei üwwer ihm kreist,
Sich im Gebälk gar baut e Nest
un ab un zu was falle läßt!!

Mit große Booche von Babier
begann die Treibjagd uff des Tier.
Doch bis er's in die Enge trieb
bekam er manchen Schnabbelhieb
Un Löcher in sei Händ gestanzt.
Mit Feddern die total zerfranst,
saß matt de Voochel in de Eck
un harrte sei'm Verwendungszweck.
En Käfig fehlte zum Transport
an en geeichnetere Ort.
Fraa Schwarz sah sich gleich suchend um.
En Einkaufswaache stand wo rum
Mit Gitterstäbcher (wie mer's kennt) – –
De Voochel kam in gute Händ!

Herr Berger schenkte ihm seim Koch
un trotzdem lebt er immer noch!
Der Koch, der Flugente gegrillt,
der war uff garkaan Fall gewillt
Dem Kleinod, aus em Land, em heiße,
aach nur aa Fedder auszureiße
Zumal er – als Ornithologe –
dem Babbegei, sehr war gewoge.

Er pflegt un füttert ihn bestimmt
(sofern ihn Frankforts Zoo net nimmt)
Frau Schwarz, von Neugier net ganz frei,
besucht demnächst den Babbegei
Un hofft, daß der ihr dann erzählt,
(weil sie die Ungewißheit quält)
Was der wohl damals unnernomme
um ins Kaminzimmer zu komme?
Ich zweifel ob Sie's je erfährt
un somit wär widder geklärt,
Daß Frankfurt schon zu alle Zeite
oft gut war fer Besonnerheite!

Als Dank an die Spender, die dem Aufruf vom 26. November 1988 gefolgt sind, wurde im Eschenheimer Turm am Aufgang zum Kaminzimmer (1. OG.) eine Messingtafel mit goldfarbener Schrift und eingraviertem Frankfurter Stadtadler angebracht. Der kleine Sommergarten an der westlichen Seite des Turmes mit etwa 80 Sitzplätzen konnte am 30. April 1994 eröffnet werden. An diesem Tag wurde im Kaminzimmer auch ein Abguß des in Stein gemeiselten Kopfes aus der Spitze des gotischen Torbogens enthüllt. Wie es in alter Zeit üblich war, hat sich hier der Baumeister in einem Selbstportrait verewigt. Nach der Sage soll dieser Kopf im Torbogen über Nacht erschienen sein. Aber die Realität bezeugt, daß dieses wunderschöne handgefertigte Relief sicher vom Meister selbst geschaffen wurde. Der gelungene Abguß vom Kopf des Madern Gerthener schaut nun im Kaminzimmer des Eschenheimer Turms dem Treiben der Gäste zu. Diese Aktion konnte teilweise durch die großzügige Spende eines Frankfurter Bürgers ermöglicht werden.

Nach Beendigung der Sanierung können auch wieder Schulklassen den Eschenheimer Turm besichtigen. Für Kinder aller Altersstufen ist es ein beeindruckendes Erlebnis, wenn sie aus der modernen Großstadt kommend in das alte Gemäuer aufsteigen. Im gotisch eingerichteten Kaminzimmer erfahren sie dann, was es um den Eschenheimer Turm herum für bemerkenswerte Geschichten gibt. Sehr kritisch wird jeweils ein Eisenhut betrachtet, der im Kaminzimmer an der Wand hängt. Er wurde von einem Frankfurter Bürger gestiftet.

Zeichnung der Schülerin Theresa Vogel.

Diese Kopfbedeckung wurde in alter Zeit von den Wächtern zum Schutz getragen. Für unsere Kinder schwer vorstellbar, mit so einem „Ding" auf dem Kopf herumzulaufen. Die nachhaltigen Eindrücke dieses Besuches sind durch viele an die Aktionsgemeinschaft Eschenheimer Turm zugesandte recht interessante Zeichnungen bestätigt.

Aber immer noch ist der Eschenheimer Turm isoliert. Von drei Seiten fahren auf den verkehrsreichen Straßen unaufhörlich die Fahrzeuge vorbei. Und der Platz vor dem Turm kann nur von der Schillerstraße aus erreicht werden, wo langfristige Bauarbeiten (Abriß und Neubauten) einen Zugang erschweren. Hinzu kommt, daß die Bürgerschaft sich noch an die moderne Gestaltung, insbesondere der Glaswand gewöhnen muß sowie an die Einrichtung im Torbogen. Nach vielen Überlegungen ward die Idee geboren, den Bürgern wenigstens einmal im Monat die Gelegenheit zu geben, in die oberen Stockwerke des Turmes zu gelangen. Im Kaminzimmer sollten sie dann bei Kaffee und Kuchen von der Geschichte des Turmes erfahren und anschließend die Möglichkeit haben, den Turm bis zum oberen Rundgang zu besichtigen. Es war nicht einfach, dies unter Berücksichtigung aller Schwierigkeiten zu organisieren. Ständige bereitwillige Helfer mußten gefunden werden. Der Betreiber des E.T.-Bistros erklärte sich bereit, jeweils den Krimmelkuche, so einen richtigen Streuselkuchen – wie zu Großmutters Zeiten – aus Hefeteig mit dicken Streuseln, zu backen. Auch eine Kaffeeköchin wurde gebraucht, die in einem der Ecktürmchen am Kaminzimmer vor den kreisrunden Schießlöchern – das ist die besondere Note – den Kaffee kocht. Ein Feuerwerker wurde benötigt, der es versteht ein wärmendes Feuer im gotischen Kamin zu entfachen. Um den Raum auch noch auszuschmücken, versprach uns die Mutter des heutigen ‚Hans Winkelsee', ihre gestalterischen Fähigkeiten einzusetzen und jeden Monat die Kaffeetafel mit einem passenden Schmuck zu versehen. Dabei sind von ihr großartige Ideen verwirklicht worden. Szenen und Gestalten aus dem Frankfurter Sagenschatz, eine Miniatur des Goetheturmes und ein besonderes Prunkstück, die Nachbildung der Habsburger Reichskrone, sind im Laufe der Zeit im Kaminzimmer auf den Tisch gekommen. Auch der Geschäftsführer der Freunde Frankfurts ist stets dabei, um tatkräftig mitzuhelfen.[115] Seit Oktober 1994 lädt die Aktionsgemeinschaft Eschenheimer Turm jeden ersten Mittwoch im Monat, ausgenommen im Januar, zum „Krimmelkuche-Kaffee" ins Kaminzimmer des Eschenheimer Turmes ein, wobei die Gäste von der einstigen Bewohnerin einiges aus der interessanten und langen Geschichte des Wach- und Wehrturmes erfahren. Wer

[115] Die ständigen Helfer: Dieter Hirschpiel, Willi Müller, Hans-Otto Schembs, Ellen Schunk und Toni Sommer.

Nachbildung der Habsburger Kaiserkrone durch Toni Sommer, Foto: Gerda Hartling

möchte, kann dann bei fachkundiger Führung den Turm besteigen und die Aussicht vom oberen Rundgang genießen. Viele Bürger aller Altersstufen haben durch diese ständige Aktion die Möglichkeit, den Turm auch einmal von innen zu sehen. Eine Frankfurterin von 84 Jahren hat es sich nicht nehmen lassen, den Turm bis zur Spitze (180 Stufen) zu besteigen; sie war stolz und glücklich dies zu erleben. Auch eine Gruppe vom *American Women's Club of the Taunus e.V.* kam zum „Krimmelkuche-Kaffee“. Die Damen waren so begeistert von „the Gothic tower“, daß sie zur Vollendung der Restaurierung etwas beitragen wollten. Von ihrer Spende und mit Hilfe der Stadtwerke konnten die beiden Laternen am Torbogen des Turmes finanziert und angebracht werden.

Die bis zum Eschenheimer Turm führende Schillerstraße, einst belebte und beliebte Geschäftsstraße in Frankfurts Innenstadt, hatte, bedingt durch die langjährigen Bauarbeiten, sehr gelitten. Viele Inhaber alteingesessener Ladengeschäfte haben aufgegeben und sind ausgezogen. Auch hier mußten neue Wege gefunden werden. Vielleicht war ein Markt die Lösung, um wieder mehr Publikum bzw. Käufer anzulocken. Die Stadtverwaltung wollte nicht gleich zustimmen, da es schon einige Märkte in Frankfurt gab. Schließlich wurde doch genehmigt, jeden Freitag einen Markt für Erzeuger mit frischen Produkten aus Hessen abzuhalten (ab April 1996). Nach anfänglichen Schwierigkeiten ist der „Schiller-Markt“

Gedenkstein zu Friedrich von Schillers 100. Geburtstag, Foto: Willi Müller

inzwischen zu einer festen und beliebten Einrichtung geworden, was auch zur Belebung am Eschenheimer Turm beiträgt. Nun mußte noch die alte Feuerglocke hoch oben im Turm zum Klingen gebracht werden. Sie hatte den letzten Krieg überstanden ohne beschädigt oder gar eingeschmolzen zu werden. Mit Spendengeldern und einem kräftigen Zuschuß der Marktbetreiber konnte die Glocke hergerichtet werden. Sie hat ein neues Schlagwerk erhalten, das seit dem 25.7.1997 nun zur halben und vollen Stunde schlägt.

Endlich ist der Wunsch vieler Frankfurter in Erfüllung gegangen. Der Eschenheimer Turm, der schon lange zum Wahrzeichen gewordene alte Wächter unserer Stadt, ist saniert worden, und seiner Bedeutung entsprechend hergerichtet, kann er in das Leben Frankfurts eingebunden werden.

Bei einer so aufwendigen und langwierigen Aktion, wie der Restaurierung des Eschenheimer Turms wird immer noch ein Rest zu tun bleiben. Um das Ganze zu vollenden, muß die Fläche vor dem Eschenheimer Turm – stadteinwärts – zu einem richtigen Platz gestaltet werden. Die Idee hierzu ist bereits geboren, sie resultiert aus dem Gedanken Eschenheimer Turm und Schillerstraße zu verbinden, zudem hat sie außergewöhnliche Hintergründe: Zu Friedrich von Schillers 100. Geburtstag – 10. November 1859 – gab es ihm zu Ehren einen großen Festzug durch die Stadt Frankfurt. Anläßlich dieses Festes wurde am Friedberger-Tor/Friedberger-Anlage eine Eiche gepflanzt und vor diese ein großer Gedenkstein gesetzt. Beides, Baum und Stein, stehen inzwischen völlig überdeckt vom Gebüsch – für die Vorbeikommenden nicht zu sehen. Zum Andenken an den großen deutschen Dichter, der sich einige Male in Frankfurt aufgehalten hat, sollte hierfür ein neuer würdiger Platz geschaffen werden. Vorstellbar ist der Platz vor dem Eschenheimer Turm und das anschließende Ende der Schillerstraße. Hier wäre der passende Rahmen für Baum, Gedenkstein und eine Bank für den Fußgänger zum Ausruhen. Ein detaillierter Plan hierfür liegt bereits vor. Es bleibt zu hoffen, daß er nach den notwendigen Umbauarbeiten am U-Bahnhof Eschenheimer-Tor und der Oberfläche des Platzes insgesamt verwirklicht werden kann.

Ein Wahrzeichen Frankfurts

Dieser alte Wach- und Wehrturm ist bereits seit Jahrhunderten zu einem Wahrzeichen in Frankfurt geworden. Er ist ein Relikt aus der Vergangenheit unserer Stadt zum anfassen und gehört seit seiner Erbauung bis heute zum Stadtbild Frankfurts. Ein solches Bauwerk trägt viel dazu bei, das Gemeinschaftsgefühl der Bürger zu wecken. Bereits Oberst A.v.Cohausen nennt den Turm in seiner Beschreibung 1868 „... zugleich Vertheidigungswerk und Hochwarte nach Norden ....“[116] Die *Kleine Presse* vom 16. Oktober 1896 bezeichnet ihn gar als Schutzherr der Mainstadt. Nicht nur äußerlich, auch im Innern ist der Turm in seinem mittelalterlichen Zustand erhalten geblieben. Bemerkenswert ist die noch heute begehbare Keilstufentreppe, eine typische Konstruktion mittelalterlicher Wehrbauten. Auch die Balkendecken stammen noch aus der Bauzeit 1426–1428. Dieser steinerne Zeuge in seinem Umfeld ist ein Stück Kulturgut, das gepflegt werden muß, damit es auch für die nächsten Generationen noch vorhanden ist. Der Eschenheimer Turm gilt heute noch als einer der schönsten Tortürme Deutschlands.[117]

Der Eschenheimer Turm war schon bald nach seiner Fertigstellung über die Grenzen Frankfurts hinaus bekannt. Er wurde oft kopiert, aber keiner hat seinen ausgewogenen Baustil erreicht. Schon im Belagerungsplan der Stadt Frankfurt von Konrad Faber (1552) ist der Eschenheimer Turm als gewichtiger Mittelpunkt der imposanten Stadtbefestigung zu erkennen. Auch in alten Berichten und Reisebeschreibungen wird der Turm bereits als Wahrzeichen von Macht und Blüte der alten Reichsstadt bezeichnet. Er war zwar nicht als solches gebaut worden, aber schon bald nach seiner Fertigstellung wurde er zum Wahrzeichen. Interessant beschreibt die Romantikerin Bettina von Arnim 1843 in einem Aufsatz wie sie die Heimkehr nach Frankfurt, aus nord-westlicher Richtung kommend, empfindet: „Nun, diese Wälle sind geschleift worden ...Wenn man sonst dem Gallentor hereingehen wollt, und man sah die Wälle voll Schnee, wie im warmen Winter-

[116] Die Baudenkmäler in Frankfurt am Main, 2. Band: Weltliche Bauten 1898, S.27.

[117] Klötzer, Wolfgang: Wahrlich eine schöne und lebendige Stadt..., S. 128.

Bauplan vom Eschenheimer Turm, vermutlich 19. Jahrhundert, Efeu bis zur Höhe der Galerie mit altem Gitterwerk

pelz um die Stadt herum gedrängt und wie da der Rauch von den Schornsteinen heraufstieg, und die Giebel guckten drüber hinaus – ach, da lachte einem die Stadt so einladend an ....“[118] Immer wieder wird die Geschichte vom heimkehrenden Handwerksburschen erzählt, der gefragt wurde, was hat in Frankfurt fünf Spitzen und sticht doch nicht? Wenn der Bursche dann keine Antwort hatte, mußte er eingestehen, daß er nicht in Frankfurt gewesen ist.

Bis in die heutige Zeit wird der alte Wächter in vielen Gedichten und Liedern beschrieben und besungen (s. Anhang).

[118] Frankfurt (Hrsg. Joh. Jakob Hässlin), S. 178.

Leider gibt es aus der Zeit von 1400–1426, als nur der vierekkige Unterbau stand und alles mit Schiefer abgedeckt war, keine Abbildung. Die ältesten Darstellungen des Turmes sind uns durch die aus der Vogelschau gezeichneten Pläne von Konrad Faber in den Jahren 1545 und 1552 sowie Matthäus Merian von 1620 und 1628 erhalten. Und die frühesten bekannten Gemälde und Zeichnungen entstanden ab Mitte des 18. Anfang 19. Jahrhunderts. Nachdem die Befestigungswälle geschleift bzw. entfernt worden waren, wurde der nun frei stehende Turm zum beliebten Objekt für die Maler und Zeichner dieser Zeit. Dadurch, daß sie immer wieder den Eschenheimer Turm porträtierten, wurden uns die ständigen baulichen Veränderungen um den Turm herum dokumentiert. Es darf nicht vergessen werden, das heute so selbstverständlich gewordene Fotografieren entwickelte sich nur langsam erst ab Mitte des 19. Jahrhunderts. Inzwischen ist der Eschenheimer Turm zu einem sehr beliebten Fotomodell, besonders für Touristen geworden. Dabei ist der Eschenheimer Turm auch heute noch ein geschätztes Motiv für die darstellenden Künstler geblieben. Seine Bedeutung kommt ebenfalls in verschiedenen Karikaturen zum Ausdruck. Besonders um 1848 war

Radgasse mit den Bleichhäusern im Winter, Aquarell auf Papier, C. Th. Reiffenstein, Frankfurter Sparkasse 1822

Links: Karikatur zur Reichstagswahl 1874

Rechts: Karikatur der Frankfurter Scheibenschützen

das „Frankfurter Karikaturenfieber" ausgebrochen.[119] Auch für Friedrich Stoltze war diese Form der Darstellung ein beliebtes Ausdrucksmittel und gleichzeitig eine schnelle und erklärende Nachrichtenquelle für seine Leser.

Zwei Beispiele mögen dies bestätigen:

Zu Bild 1. „Die Karikatur, die den Eschenheimer Turm im Hintergrund zeigt, ist im Zusammenhang mit den Reichstagswahlen 1874 in *Latern* 4/1874 abgedruckt worden. Sie zeigt Eduard Lasker bei der Abreise aus Frankfurt. Lasker, ein prominenter Nationalliberaler, hatte als Nichtfrankfurter für den Reichstag kandidiert, aber gegen Leopold Sonnemann (Herausgeber der Frankfurter Zeitung – A.d.V.), den Kandidaten der Deutschen Volkspartei, der seit 1871 seinen Wahlkreis in Berlin vertrat, verloren. Friedrich Stoltze hatte Sonnemann in seinem Wahlkampf gegen die ‚Laskerianer' unterstützt."[120]

[119] Während das Paulskirchenparlament tagte, war eine Vielzahl origineller Persönlichkeiten in Frankfurt anwesend, ein idealer Anreiz für die Karikaturisten.
[120] Breitkreuz Petra, Vereinigung der Freunde und Förderer des Stoltze-Museums e.V., Schreiben vom 22.6.1999.

Aktion der „Bösen Buben"

Zu Bild 2. Die in der *Latern* Nr. 19/1885 erschienene Karikatur von Jacob Ettling zeigt ein zusammengewürfeltes Häuflein Frankfurter Scheibenschützen und nur die Wetterfahne ohne den Eschenheimer Turm, aber jeder Frankfurter weiß sofort um die Bedeutung. Zuvor war der Eschenheimer Turm von Baumeister J. G. Kugler restauriert worden, wobei die Wetterfahne entgegen der Unterschrift des Bildes allerdings

Gemalte Postkarte um 1900, F. Bayerlein

nur zur Renovierung abgenommen, angestrichen und wieder aufgesetzt wurde.[121]

Schon bei einem Schützenfest im Jahre 1862 läßt Friedrich Stoltze in seiner *Frankfurter Latern* die Figur des stets rä-

[121] Kugler, J. G., ebd., S. 14.

sonierenden Bürgers Hampelmann berichten, daß folgender Vers in Großbuchstaben am Eschenheimer Turm gestanden hätte:

„Nach dieses Thurmes Wetterfahn
Ein Wildschütz schoß da einst hinan,
Und mit neun Kugeln schoß er fein
Den schönsten Neuner da hinein,
Und heut, bei Deutschlands Schützentag,
Da guckt hinauf und macht's ihm nach."

Im Laufe der Jahrhunderte wurde viel über die berühmte Wetterfahne gerätselt: hatte sie gemäß der Sage neun oder nur sechs Schußlöcher in Form einer Neun? Es konnte auch nie ganz geklärt werden, wann und wie oft die Wetterfahne vom Blitz getroffen wurde. Bei einem so einfachen Wach- und Wehrturm ist nicht alles genau aufgeschrieben worden und so bleibt uns die schöne Sage erhalten. Tatsächlich hatte die Wetterfahne bis zur Renovierung im Jahre 1976 nur sechs Löcher. Kurz bevor sie im Juni 1992 von der Spitze des Turmes gestohlen wurde war sie schon einmal in großer Gefahr. In einer gemeinsamen Aktion wollten der Frankfurter „Struwwelpeter" zusammen mit den bekannten bösen Buben „Max und Moritz", aus den Erzählungen von Wilhelm Busch, den Eschenheimer Turm erstürmen. Bei dem Streich sollte die Wetterfahne durch die „Max-und-Moritz-Fahne" ausgewechselt bzw. ersetzt werden. Zum Glück wurde dieses Vorhaben nicht in die Tat umgesetzt.[122]

Bisher sind tausende wunderschöner Postkarten mit dem Motiv des Eschenheimer Turms, versehen mit lieben Grüßen und Glückwünschen in alle Welt verschickt worden. Leider ist auf den derzeit gedruckten Frankfurter Ansichtskarten der Eschenheimer Turm kaum noch zu finden. Wird er übersehen, weil die neuen Hochhäuser über ihn hinausgewachsen sind? Immerhin war er einer der ersten Türme Frankfurts und gehört als ältester der Wachtürme seit 1428 zum Stadtbild. Er ist seit Jahrhunderten Wahrzeichen unserer Stadt! Die Bürger werden es nicht vergessen, das war deutlich bei den vorausge-

„En aale Frankforter ..." von Edwin Grazioli

Goldener Prunkbecher mit Eschenheimer Turm

[122] Die Aktion fand im Juni 1990 in Form einer Sonderausstellung im „Heinrich-Hoffmann-Museum in der Frankfurter Werkgemeinschaft e.V." statt.

gangenen Aktionen zu Gunsten des Eschenheimer Turmes festzustellen. Zeichner haben den Turm auch gerne personifiziert. Eine gelungene Darstellung von Edwin Grazioli erhielt zu Recht den Titel „En aale Frankforter …“ und ein polnischer Karikaturist verbindet den Eschenheimer Turm per Handschlag mit den Hochhäusern der neuen Zeit, eine schöne Idee.[123]

Bislang fehlte der Eschenheimer Turm mit seiner fast 600jährigen Geschichte in keinem der heimatkundlichen Bücher.[124] Auch in figürlichen Nachbildungen ist der Eschenheimer Turm zu finden. Zum Frankfurter Ratssilber gehört u. a. ein goldener Prunkbecher, auf dessen silbernem Sockel eine sehr schöne Miniatur des Eschenheimer Turms angebracht ist. In diesem Becher wurde Kaiser Wilhelm II. im Jahre 1903 bei einem Besuch in Frankfurt im Bürgersaal des Römers der Willkommenstrunk angeboten. Leider wurde der aufwendig gearbeitete goldene Deckel des Prunkbechers gestohlen; er ist bisher nicht wieder aufgetaucht.[125] Es sollte nicht unerwähnt bleiben, daß Türmen auch eine symbolische Bedeutung zukommt, wovon schon in alten Schriften zu lesen ist, z. B. vom Turmbau zu Babel. Ein in Silber gegossener Eschenheimer Turm, ca. 30 cm hoch, ist im Jüdischen Museum in Frankfurt zu bewundern. Das Prachtstück wurde um 1900 hergestellt.[126] Dabei handelt es sich um eine Gewürzdose (Bsamimbehältnis), die bei jüdischen Familien am Ende des Sabbat (Samstagabend), mit wohlriechenden Kräutern gefüllt, auf den Tisch gestellt wird. Bei der Gestaltung dieses Kultgerätes wird die Verbundenheit des Frankfurter Auftraggebers zu seiner Stadt erkennbar. Die beschriebene Bsamimdose ist nach langer Zeit – über Amerika – wieder

Nachbildung des Eschenheimer Turmes in Form einer Gewürzdose, Foto: Jüdisches Museum Frankfurt a. M.

[123] Podulka, Andrzej, Wettbewerb „Int. Karikaturisten sehen die Stadt Frankfurt“ 1988, Kat. S. 47.

[124] u. a.: Frankfurter Heimatbuch und Frankfurt am Main, Arbeitsheft für den Sachunterricht, mit Ausschneidebogen des Eschenheimer Turmes von Thomas Zach.

[125] Stahl, Patricia, Frankfurter Ratssilber, HM, Frankfurt 1985, Goldener Prunkbecher, Geschenk von Stadtrat a. D. Albert von Metzler 1903.

[126] Hof-Silberschmiede L. Posen Wwe., Frankfurt am Main.

nach Frankfurt zurückgekehrt. Weitere Nachbildungen des Eschenheimer Turmes in Silber – auf dunklem Marmorsockel – wurden zur Vergabe eines Ehrenpreises der Stadt Frankfurt und als Pokal eines Frankfurter Tennisclubs von der gleichen Silberschmiede hergestellt. Auch auf vielen mit dem Frankfurter Stadtbild geprägten Münzen und Medaillen ist der Eschenheimer Turm zu finden.[127] Zum 9. Deutschen Bundes- und Jubiläumsschießen 1887 in Frankfurt wurde z. B. eine Bronzemedaille herausgegeben, auf welcher der Eschenheimer Turm mit einem auf die Wetterfahne zielenden Schützen abgebildet ist. Es sei hier auch daran erinnert, daß die früher stattfindenden Frankfurter Schützenfeste einen tieferen Sinn hatten. Da bis 1866 Frankfurt eine „Freie Reichsstadt" war, mußte bei Bedarf die Stadt von einer eigenen Bürgerwehr verteidigt werden. Es war daher wichtig, daß jeweils geübte Schützen aus der Bürgerschaft zur Verfügung standen. Zum 550jährigen Bestehen des Eschenheimer Turmes im Jahre 1978 wurde eine Silbermedaille herausgegeben. Leider fehlt bei dieser Abbildung ein wichtiger Teil des Turmes: die Wetterfahne. Sogar die Ungarn haben eine Briefmarke herausgegeben, *Magyar Posta*, im Mittelpunkt der Eschenheimer Turm, dahinter das Fernmeldehochhaus und darüber ein viermotoriges Flugzeug. Die Liste der verschiedenen Darstellungen des Turmes in Form, Schrift und Bild ist lang, zu lang, um sie hier zu vervollständigen, aber es bezeugt, daß es sich beim Eschenheimer Turm um ein Gebäude von großer Bedeutung handelt. Über Jahrhunderte war der Turm ein Riese unter Zwergen. Inzwischen sind die Hochhäuser über ihn hinausgewachsen, aber was ihnen fehlt, sind die Wurzeln und ein wenig Patina. Es lohnt sich für jeden Fußgänger, vor dem Turm einmal anzuhalten, und über die Zeitläufe nachzudenken, die dieser alte Geselle durchstanden hat.

Bronze-Medaille mit Eschenheimer Turm von 1887

Ungarische Briefmarke, Foto: Norbert Schupp

[127] Bereits um 1194 besteht in Frankfurt eine Reichsmünzstätte.

Aus persönlicher Sicht

Dieses Wahrzeichen der Stadt ist zum Turm meines Lebens geworden. Die Verwirklichung eines langjährigen Traumes begann im September/Oktober 1988, nachdem von der Stadtverwaltung die Restaurierung des Eschenheimer Turmes bewilligt wurde.

Kann man einen alten Wach- und Wehrturm lieben? Ja, man kann. Es ist nicht allein die architektonische Schönheit, es ist die Ausstrahlung, seine Beständigkeit und Sicherheit, die uns der Turm vermittelt, aber auch ein Gefühl für die Stadt, der er zum Wahrzeichen geworden ist. Könnte er reden, so würde er von Hans Winkelsee, der durch die Schüsse in die Wetterfahne sein junges Leben rettete, von seinem grünen Efeu-Kleid, das ihn beschützen sollte, sowie vom steinernen Kopf im Torbogen erzählen, und manch mühevolles Nachforschen bliebe uns erspart. Zum Glück durfte ich ein Stückchen Turmgeschichte selbst erleben und will nun in einem letzten Abschnitt davon erzählen. In den vorgehenden Kapiteln habe ich versucht, darzustellen und festzuhalten, welche Schwierigkeiten zu überwinden waren, um eine sinnvolle Restaurierung unter Berücksichtigung neuer Nutzungsforderungen (Heizung u.s.w.) zu ermöglichen. Man muß bedenken, daß ein solches Projekt vielseitiger Planungen und Prüfungen seitens der mit der Durchführung betrauten Ämter bedarf. Sicher war es der Stadtverwaltung hilfreich und wünschenswert, wenn auch aus der Bürgerschaft Anstöße kamen und Vorschläge gemacht wurden.

Es waren die ersten Jahre meines Lebens, die ich im Eschenheimer Turm verbrachte. Schon in dieser Zeit entstand meine Liebe zu diesem Gebäude und später dann mein Engagement mit dem Ziel, daß der Turm wieder hergerichtet werden und dadurch den ihm gebührenden Stellenwert als Wahrzeichen unserer Stadt erhalten sollte. Zwar hatte ich keine Ahnung, wo und wie beginnen, noch dazu war mir nicht klar was ich alles erlernen mußte, um mein großes Ziel zu erreichen. Der erste Schritt war auch der schwerste, doch davon später. Zuvor möchte ich aus meiner Erinnerung berichten, wie es dazu kam, daß ich meine Kindheit im Eschenheimer Turm verbrachte. Nach dem Ersten Weltkrieg kamen die Eltern meines Vaters nach Frankfurt. Sie waren Flüchtlinge aus dem von den Russen besetzten Ostpreußen. Da zu der Zeit in Frankfurt bereits Wohnungsknappheit herrschte, wurde der Eschenheimer Turm als Notunterkunft hergerichtet. Die gerade angekommene Großfamilie Johann Pfeiffer und deren Tochter Ida mit Kindern durften in den Turm einziehen. Wie hoch im Jahre 1922 die Miete für die Räume im Turm war, ist nicht mehr genau festzustellen. Meine Mutter erzählte mir später, daß Tante Ida, die im 6. OG. wohnte, monatlich 25,– Mark Miete und meine Eltern im 7. OG. 15,– Mark zahlten. Sie hatten sich auf einem Maskenball im Volksbildungsheim kennen gelernt und heirateten auch bald danach. Sie waren die jüngsten Mitglieder in der Familie und wohnten ganz oben, wo sich der Zinnenrundgang befindet. Am 9. Juni 1928 kam ich zur Welt. Gleich der erste Winter meines Lebens machte meinen Eltern große Sorgen, denn er war außergewöhnlich kalt und die Räume im Turm konnten nicht ausreichend beheizt werden. Mutter erzählte mir, daß sie in diesem Winter nachts, wenn ich in meinem Kinderbett lag, zusätzlich zum Häubchen Watte um meinen Kopf legte, damit ich nicht erfror. Meine Erinnerungen an das Leben im Eschenheimer Turm sind verständlicherweise anders als die meiner Mutter. Für sie war das Leben im Turm nicht einfach. Alles, was zum Leben notwendig war, mußte über die Treppen mit 180 Stufen hochtransportiert werden, ohne Aufzug eine beschwerliche Angelegenheit. Zudem waren die hygienischen Verhältnisse äußerst schlecht. Wir wohnten im 7. OG. und die Toilette war unten am Wehrgang, da wurde manchmal anstelle des „Stillen Örtchens" ein Eimer benutzt. Die Wasserleitung ging nur bis zum 6. OG. und war im Winter oft eingefroren. Hier wohnte Tante Ida. Die große Wohnküche mit dem alten Kamin, über dem Töpfe und Pfannen an den Haken baumelten, war der zentrale Treffpunkt für alle Bewohner des Turmes. Im abgeteilten Wohn- und Schlafzimmer spielte ich gern mit den Knöpfen aus Tante Idas alter „Knoppschachtel". Hier war auch das Fenster, von dem aus man auf die belebten Straßen hinunterschauen konnte.

Eines Tages sollte mein Vater auf mich aufpassen. Wir waren in das 2. OG. hinuntergestiegen – das heutige Kaminzimmer – damals der Raum, in dem die jüngeren Familienmitglieder ihren sportlichen Ambitionen nachgingen. Meine Vettern lernten u. a. in dem runden Raum mit ca. 10 m Durchmesser das Radfahren, und mein Vater turnte an den Ringen, welche an der Decke angebracht waren. Er war meistens so vertieft, daß er nicht merkte, wie einmal sein Töchterchen Ruth nach oben verschwand. Ich wartete auf meine Mutter und wollte nachsehen, ob sie kommt und ging zu dem Fenster im 6. OG., um auf die Straße zu sehen. Dort angekommen, krabbelte ich auf das Sims am Fenster, damals ohne Sicherheitsglas, um Ausschau zu halten. Nur sah ich meine Mutter nicht. Aber sie, aus der Stadt kommend, sah mich hoch oben im Turm im Fenster sitzen und ahnte sofort, daß ich ohne Aufsicht war. Wie sie mir später erzählte, wußte sie nicht mehr, wie sie die vielen Treppen heraufgekommen ist, um mich von dem – wenn auch breiten – Fenstersims herunterzuholen. Aber dann war was los! Ich wurde ordentlich versohlt, und mein Vater ist sicher auch nicht gut davongekommen. Bei diesem Ereignis hat Mutter ihre ersten grauen Haare bekommen, was ich sehr gut verstehen kann.

Unsere Küche war in einem der vier kleinen Türmchen untergebracht. Im Zeitalter der Einbauküchen ist es schwer, sich so eine winzige Turmküche vorzustellen. Der Mini-Küchenschrank war links in die Tür zum Rundgang gestellt worden, und an der rechten Tür stand der kleine Herd, worauf Mutter herrlich schmeckende Waffeln backte. Das gußeiserne Waffeleisen mußte ganz genau in die Herdringe eingepaßt werden, denn wenn ein wenig von dem Teig auf die Herdplatte kam, stank und qualmte es in der Mini-Küche. Die Lüftung war denkbar einfach, meine Mutter machte nur die Tür zum Rundgang auf. Dort, hinter den Zinnen, war auch einer meiner Spielplätze, zwar ein wenig eng, aber luftig, und oft waren ein paar Tauben zu Gast. Beim Spielen war ich ständig dabei, an den Sandsteineinfassungen der Türen zu picken, die kleinen sich ablösenden Blättchen lutschte ich dann wie einen Bonbon. Erst später habe ich erfahren, daß ein Mangel an Kalk mich dazu verleitete. Leicht rachitische Zähne und Bandscheibenschäden sind sicher ein Zeichen dieses Mangels. Trotz allem hat es mir gefallen, beim Spielen im Rundgang hinter den Zinnen war über mir nur der Himmel und die Spitze des Turmes mit der ständig knarrenden Wetterfahne.

Bald wußte ich auch, daß dort oben in der Spitze einst der Wilddieb Hans Winkelsee gefangen saß, was mir immer etwas Angst einflößte. Manchmal, wenn ich laut war oder gar wild auf dem Sofa herumhüpfte, wurde mir erklärt, daß oben der Wilddieb mich hört und raufholen wird. Dies wirkte sofort, denn in der Turmspitze wollte ich nicht schlafen. Ich hatte sogar Sand zum Spielen. Das kam durch eine verrutschte Sandsteinplatte auf der Treppe, die zu einem der vier Türmchen führte, was mich auf die Idee brachte, Waffeln zu backen. Großmutter aus dem Spessart hatte gerade frische Eier geschickt, wovon ich einige aus dem Schrank nahm. Mutter sagte später, es waren zehn Stück, die rührte ich in das Loch, wo die verrutschte Sandsteinplatte gelegen hatte. Von Milch und Mehl wußte ich scheinbar nichts, dafür nahm ich Wasser und Sand. Als ich kräftig beim Rühren war, kam mein Vater dazu. Wie das ausging, kann man sich gut vorstellen.

Spielplatz der Autorin, Foto: C. F. Mylius, 1895

Oftmals sind wir bei Anbruch der Dunkelheit hinunter zum Wehrgang gegangen. Innerhalb des Turmes gab es wenig Licht und dort wurde es aber hell, wenn um den Turm herum die Vergnügungsstätten „Groß-Frankfurt“ und das „Hemberger-Casino“ ihre Reklamelichter anzündeten. Für uns, vom dunklen Wehrgang aus, war das die Welt von 1001-Nacht. Die schönste Sicht nach dem Norden der Stadt bot sich vom oberen Rundgang aus. Von da ging der Blick über die Eschersheimer Landstraße, noch von keinem anderen Gebäude aufgehalten, bis hin zum ersten Hochhaus in Frankfurt, dem Verwaltungsgebäude der IG-Farben, welches 1928 auf dem ursprünglichen „Affestaa“[128] erbaut worden war. Es sah phantastisch aus, wenn abends alle Fenster des Gebäudes erleuchtet waren – 999 sollen es sein. Damals glaubte ich, was Mutter mir erzählte, es war so schön zu hören, daß dort die Englein sitzen und Spielzeug für Weihnachten basteln. Einmal, als wir wieder dort hinter den Zinnen standen, schwebte majestätisch ein Zeppelin vorbei. Es muß der „Hindenburg“ mit der großen Gondel gewesen sein. Wir konnten die Leute erkennen, welche uns mit Tüchern zuwinkten. In der damaligen Zeit ein besonderes Erlebnis. Wenn wir sonntags spazieren gingen, wollte ich immer wieder zu dem Sattlergeschäft von Gustav

[128] Affestaa (Affenstein) = Frankfurter Umgangssprache für Irrenanstalt.

Blick auf
„Gross-Frankfurt“
1933,
Foto: Carl Rohleder

„GROSS-FRANKFURT“ am Eschenheimer Turm

bietet vielseitigste Art der Unterhaltung

KÜNSTLER-KLAUSE
Die führende Kleinkunstbühne

EREMITAGE TANZ-BAR
Der Treffpunkt der eleganten Welt nach allen Gesellschaften, Theaterbesuchen usw. Im Sommer: „Barbetrieb im Garten“.

VARIETÉ BIER-PALAIS
Das führende, populäre Varieté. Jeden 1. und 16. Programmwechsel

CAFÉ GROSS-FRANKFURT
Das behagliche Familien-Café. Nachm. und abends Konzerte! Außerdem: Weinausschank von Originalgewächsen der Preußischen Domäne.

SPEZIAL-RESTAURANT MÜNCHNER LÖWENBRÄU
Mit der kultivierten Küche und den gut gepflegten Original Münchner und Pilsner Bieren.

KLUB- UND GESELLSCHAFTSRÄUME
Für Konferenzen, Sitzungen und Festlichkeiten jeder Art.

CAFÉ WIEN an der Hauptwache, führend in Deutschland. Eine Sehenswürdigkeit Frankfurts.

33

Lapp, denn in seinem nicht sehr großen Schaufenster stand ein lebensgroßes, ausgestopftes braunes Pferd mit Sattelzeug, ein faszinierender Anblick für ein Stadtkind. Noch in seinem 1980 erschienenen Buch „Kaiserhofstraße 12“ berichtet Valentin Senger darüber, es war „die Attraktion seines Schaufensters". Den ersten Kindermaskenball erlebte ich in den Sälen des Bürgervereins gegenüber vom Eschenheimer Turm. Dafür hatte meine Mutter mir ein wunderschönes Kostüm genäht, einen Liftboy aus lila Samt mit goldenen Knöpfen und Litzen. Ich war sehr stolz, und es machte viel Spaß, sich mit den anderen Kindern im Reigen zu drehen. Während meine Mutter zeitweise in der Apotheke am Eschenheimer Turm arbeitete, kam ich in den Kindergarten zu den Schwestern des Herz-Jesu-Ordens in der Eschersheimer Landstraße 50. Statt der Tauben im Turm hatte ich dort gleichaltrige Gespielinnen.

Die Autorin beim Kindermaskenball

Als ich dann Ostern 1934 zur Schule kommen sollte, war das für meine Mutter ein triftiger Grund, die beschwerliche Behausung im 7. OG. des Turmes zu verlassen. Wir zogen in die Friedrichstraße, und ich wurde in die Holzhausen-Schule eingeschult. Meine Großeltern blieben vorerst im Eschenheimer Turm wohnen, so konnte ich sie dort immer wieder besuchen. Sie waren inzwischen im 4. OG. eingezogen, nachdem die dortigen vorhergehenden Mieter, ein Ehepaar mit Kind, die Turmwohnung verlassen haben. Jetzt hatten die Großeltern eine eigene kleine Küche und ein Schlafzimmer. Es sind die Räumlichkeiten, in denen im 19. Jahrhundert einige der Kronberger Maler ein Künstlerfest in historischen Kostümen feierten, was der Maler Ch.W. Angilbert Göbel 1863 in einem Gemälde festgehalten hat. Natürlich war mir damals die interessante Historie des Turmes noch nicht bewußt. Ich war einfach gern im Turm. Im Innern war es zwar immer etwas duster und dadurch ein wenig unheimlich, aber zugleich auch heimelig, die Atmosphäre war eben eine ganz besondere. Viele Schulkameradinnen beneideten mich um meine Verbindung zum Turm. Natürlich wollten sie gerne wissen, wie es im Innern aussah, und oft nahm ich eine Freundin mit nach oben. Dabei gab es manchmal Ärger, denn hoch oben im Fenster eines der Türmchen die alte Feuerglocke reizte uns immer wieder, sie zu läuten. Da mußte wieder mal der Polizist – vor dem wir Kinder einen riesigen Respekt hatten – die vielen Treppen hochsteigen und mit uns schimpfen. Nachdem zu Beginn des letzten Krieges die wenigen noch im Turm verbliebenen Familienmitglieder ausgezogen waren, wurde es zunächst sehr still im Innern, bis der ehrenamtliche Wächter Joh. Geiger einzog. Umso mehr geschah während der Zeit des

Große Eschenheimer Straße nach den Bombenangriffen 1944, Foto: K. H. Mischon

Krieges rund um den Turm herum durch die Bombardierung Frankfurts. Zum Glück wurde der Turm von keinem der furchtbaren Geschosse getroffen. Die in der Gegend abgeworfenen Luftminen haben aufgrund ihres starken Luftdruckes viele Gebäude zerrissen. Dem rund gebauten Turm konnte der Luftdruck nichts anhaben, es sei denn, eine Bombe hätte direkt das Gebäude getroffen.

Im Jahre 1939 sind wir, d.h. meine Eltern mit der zwischenzeitlich angewachsenen Familie, einer Schwester und drei Brüdern, in die Große Eschenheimer Straße Nr. 52, umgezogen. Bei den ersten Bombenangriffen auf Frankfurt wurde unsere Wohnung stark beschädigt. Wir konnten nur noch den Rest des Mobiliars auf einen kleinen Lastwagen mit Holzvergaserantrieb verladen. So sind wir in den Kahlgrund (Spessart) zu den Eltern unserer Mutter übergesiedelt. Von dort fuhr ich nun täglich frühmorgens um 5,30 Uhr mit dem Zug nach Frankfurt zu meiner Lehrstelle bei der Frankfurter Zeitung. Schon seitdem ich lesen konnte, reizte mich das geschriebene Wort. Diese Vorliebe für Literatur fand ihre Fortsetzung in einer kaufmännischen Lehre bei der großen, angesehenen *Frankfurter Zeitung*, damals noch in der Großen Eschenheimer Straße ansässig. So konnte ich weiterhin in der Nähe des Eschenheimer Turms sein. Das Bombardement unserer Stadt ging weiter und bald wurde auch die Frankfurter Zeitung getroffen. Es war eine schwere Zeit.[129]

Der Eschenheimer Turm blieb uns erhalten, und damit haben wir dem alten Bauwerk gegenüber – nach meiner Ansicht – eine Verpflichtung. Es durfte einfach nicht zur feststehenden Tatsache werden, daß er zum „Relikt der Vergangenheit ohne Zukunft" wird.[130] Der Turm wurde immer mehr isoliert, denn nach 1945 entstand aus den Trümmern ein neues Frankfurt, neue Verkehrslinien und Parkmöglichkeiten mußten gefunden werden. Dabei vergingen viele Jahre, und der Turm stand im Abseits. Wie bereits erwähnt hatte ich im Laufe der Jahre einige Male die Möglichkeit, in den in seinem Dornröschenschlaf liegenden Turm einzudringen. Ansonsten hatten nur die Tauben Zugang, die von außen ein Schlupffloch fanden, aber oft keinen Weg mehr zurück nach draußen. Ich nahm jeweils eine Plastiktüte mit, um die toten Tauben zu entfernen. Irgendwann wurde mir bewußt, daß ich etwas unternehmen könnte, um den Turm wieder in das Leben der Stadt einzubinden, vor allen Dingen mußte er gründlich restauriert werden. Nur wußte ich zunächst nicht, wo und wie

[129] Die Frankfurter Verlag und Druckerei GmbH wurde bei einem Tagesangriff im April 1944 durch eine Luftmine stark beschädigt.

[130] Relikt der Vergangenheit ohne Zukunft, in: FAZ 19.12.1981.

anfangen. Ein Spruch fiel mir ein, der über dem Südportal unseres Römers in Stein gemeißelt steht: „Geht Dir der Rat aus, geh aufs Rathaus!" Als ich Anfang des Jahres 1975 endlich den Mut aufbrachte und zum Rathaus ging, denn nur dort konnte ich eine Antwort auf meine Fragen erhalten, war mir noch nicht bewußt, was dadurch alles auf mich zukommen würde. Am Eingang des Römers erkundigte ich mich beim Pförtner: „Bitte, mit wem hier im Hause kann ich über den Eschenheimer Turm sprechen?" Scheinbar habe ich das so überzeugend vorgebracht, daß ich sofort zu einem der zuständigen Herren vorgelassen wurde. Der hörte sich geduldig an, was ich in Sorge um den Zustand des Eschenheimer Turmes vorzubringen hatte. Unser Gespräch endete mit der Zusicherung, daß sich in naher Zukunft am Turm etwas bewegen könnte.[131]

Nach einiger Zeit habe ich erkannt, daß es hilfreich wäre, zur Unterstützung des beachtlichen Anliegens um den Eschenheimer Turm die Öffentlichkeit zu aktivieren und damit die Entwicklung vorwärts zu bringen. Durch die Empfehlung meines damaligen Arbeitgebers konnte ich bei einer Frankfurter Bank vorstellig werden, welche sich interessiert zeigte und auch finanzielle Hilfe bei Aktionen und einer Restaurierung versprach, doch dies allein war noch zu wenig. Bei meiner Suche bin ich auf Prof. Wolfgang Klötzer, den damaligen Leiter des Institutes für Stadtgeschichte, gestoßen, der mir empfohlen hat, mich umgehend mit den „Freunden Frankfurts" in Verbindung zu setzen. Dies sei der geeignete Verein, der helfen könnte. Das erste Zusammentreffen mit dem damaligen Vorsitzenden wird mir immer in Erinnerung bleiben. Ich hoffe, daß der inzwischen verstorbene Dr. Günther Vogt mir verzeihen wird und von seiner Wolke aus schmunzelnd herunterschaut, wenn ich von unserem Treffen im „Alten Café Schneider" in der Kaiserstraße erzähle. Da ich ihn vorher nicht gesehen hatte, fragte ich beim Telefonieren, wie ich ihn denn im Caféhaus erkennen soll? In seiner gemütlichen Art meinte er, es genüge, wenn er *mich* erkenne, und so kam unser Treffen zustande. Wir saßen dann zusammen an einem

[131] Es war ein günstiger Zeitpunkt für eine Vorlage beim Magistrat, denn die Sachsenhäuser Warte war gerade fertiggestellt und so konnte seitens der Stadtverwaltung das nächste Problem angepackt werden.

Marktfrauen im 3. OG.
von rechts nach links:
Petra Landsrat ,
Ursula Melber und
Ruth Schwarz,
Foto: Brigita Krause

dieser kleinen Caféhaustische mit Marmorplatte und einem eisernen Fuß in der Mitte. Schnell war unser Gespräch beim „Türmche" angelangt und ich spürte sein großes Interesse. Bei meinem aufgeregten Erzählen bemerkte ich, daß mich das Tischbein störte und wollte es einfach beiseite drücken. Plötzlich sagte Vogt in seiner unnachahmlichen charmanten Eigenart, daß es nicht das Tischbein sei, welches ich da wegdrücke, sondern sein Knie. Zunächst war ich so verlegen, daß ich bis über beide Ohren rot wurde, aber dann konnten wir herzlich darüber lachen. Das Ergebnis unserer Unterredung war, daß er mir vorschlug, einen Vortrag im Dominikaner-Kloster über den Eschenheimer Turm und mein Leben darin zu halten. Noch nie hatte ich ähnliches getan, aber er machte mir Mut, und beseelt von meiner Idee, den Turm zu retten, gelang es mir. Es war mein erster öffentlicher Vortrag, ich ahnte nicht, daß später noch einige folgen würden.

Um dem Rat der Stadt zu zeigen, wie sehr die Bürgerschaft an einer Wiederherstellung des Eschenheimer Turmes interessiert ist, mußte die Öffentlichkeit aktiviert werden. Viele Gespräche waren notwendig, um neue bzw. weiterführende Verbindungen zu knüpfen. Bald nach meinem Gang aufs Rathaus hatte ich Kontakt mit der Henninger-Bräu AG aufgenommen. Da sie seit Beginn ihres Bestehens den Eschenheimer Turm in ihrem Firmenwappen führte, war die Brauerei an allem, was mit dem Turm geschah, sehr interessiert. Die verschiedenen Gespräche im Hause der Brauerei führten dazu, daß die Firma bei vielen folgenden Aktionen zu Gunsten des Turmes der inzwischen entstandenen Aktionsgemeinschaft Eschenheimer Turm mit Rat und Tat hilfreich zur Seite stand.

Von den Personen, mit denen ich Verbindung aufnahm, kannte kaum einer den Eschenheimer Turm von Innen. Das mußte geändert werden. Daher wendete ich mich an das Hessische Fernsehen, das bereit war, zunächst einen kleinen Film im Turm zu drehen. Bei den äußerst schwierigen Aufnahmen im engen Turm kam es zu einer außergewöhnlichen Störung. Ausgerechnet in dem Moment, als der Ruf ertönte, „Klappe zu, Film läuft", sprang eine Maus auf den Teil der historischen Treppe, der gerade gefilmt werden sollte. Es ist nicht feststellbar, wer mehr verschreckt war, das kleine Tier oder die Aufnahmeleitung. Auf jeden Fall mußte gewartet werden, bis der ungebetene Darsteller von der Treppe verschwunden war. Der dann doch glücklich gelungene Film machte zum ersten mal einer breiten Öffentlichkeit bekannt, in welchem Zustand sich der Turm tatsächlich befand. Er wurde dann auch von der Bevölkerung sehr interessiert aufgenommen. Immer wieder konnte ich feststellen, wie viele – ob Frankfurter oder Nichtfrankfurter – am Geschehen um den Eschenheimer Turm teilnahmen.

Durch die Vermittlung eines Bekannten lernte ich Professor Fritz Seelinger von der Technischen Hochschule, Fachbereich Architektur, in Darmstadt kennen. Schon nach dem ersten Gespräch wurde klar, daß es für ihn eine spezielle Aufgabe sein würde, Vorschläge zu erarbeiten, den alten Wach- und Wehrturm in das Stadtbild von heute zu integrieren. Das Ergebnis der Stegreifstudie der Darmstädter Studenten konnte man an verschiedenen Stellen der Stadt besichtigen. In dieser Studie wurden verschiedene Lösungsmöglichkeiten aufgezeigt.

Im Herbst 1983 wurde Seelinger von der Universität in Florenz eingeladen, einen Vortrag zu halten. Er hatte sich vorgenommen, dort auch einige Modelle der Studien zum Eschenheimer Turm vorzustellen. Daher hat er mich gebeten mitzufahren, auch um mir eine Freude zu machen. Natürlich war ich von der Idee begeistert, und die Fahrt wurde für mich zu einem unvergeßlichen Erlebnis. Nach dem dortigen Vortrag wurden wir von der damaligen Präsidentin der Universität zu einem Empfang geladen. Sie wohnte – eigentlich muß man sagen residierte – in einem alten Palazzo, den bereits ihr Vater mit viel Geschmack kunstvoll ausgestattet hatte. Bei der Begrüßung im Salon tranken wir Likör aus zierlichen venezianischen Gläschen, die ich kaum anzufassen wagte, und dazu wurden herrlich schmeckende Kastanientörtchen gereicht, eine Spezialität dieser Gegend. An diesem Abend fühlte ich mich in eine andere Welt versetzt. Am nächsten Tag machten wir einen Ausflug nach Siena. Dort sollte ich unbedingt das Gebäude der Banco di Siena besichtigen. Der Grund hierfür war, daß die bereits 1472 gegründete Banca Monte dei Paschi di Siena S. p. A. ihren Sitz in diesem Gebäude hat und die inzwischen notwendigen Umbauten im modernen Stil durchgeführt werden konnten, ohne das Alte zu verändern. Das besondere dabei war, daß eine wunderbare Lösung gefunden wurde, den alten Wehr- oder Wohnturm inmitten der Klosteranlage stehen zu lassen. Seelinger wollte damit andeuten, daß es auch für unseren Turm in Frankfurt Lösungen für eine zeitgemäße Instandsetzung geben könnte.

Durch mein ständiges Bemühen um den Eschenheimer Turm hat es sich ergeben, daß ich mich intensiver mit der Geschichte unserer Stadt befaßte. Dies wiederum führte dazu, daß ich Lesungen zur Frankfurter Stadtgeschichte veranstalten konnte. Die Idee war dadurch entstanden, daß zur Erinnerung an den Altstadtvater Fried Lübbecke eine „Lübbecke-Stubb“ im Hause Dachsberg auf dem Römerberg eingerichtet werden sollte. Der Raum mit Ausblick auf den Römer wurde von den Freunden Frankfurts liebevoll mit Frankfurter Bildern ausgestattet. Nun war zu überlegen, was in dem nicht sehr großen Raum veranstaltet werden könnte. Der spontane

Vorschlag, einmal im Monat Lesungen aus der vielfach beschriebenen Frankfurter Stadtgeschichte abzuhalten, war aus meiner Liebe zur Literatur entstanden. Er wurde gerne aufgenommen und konnte ab Februar 1984 umgesetzt werden. Bis heute macht es mir viel Freude, aus dem unerschöpflichen Schatz der Frankfurter Geschichte die Themen zusammenzustellen und dies dann in Form einer Lesung dem interessierten Publikum vorzutragen.[132]

Wenn ein Stein ins Wasser geworfen wird, zieht er immer weitere Kreise. So ist es auch mir ergangen. Bedingt durch mein langjähriges Engagement für den Eschenheimer Turm und die monatlichen Lesungen, kam ich mit vielen Menschen in Kontakt, die ebenfalls mit Frankfurt und seiner Geschichte verbunden sind. In diesem Zusammenhang bitte ich um Verständnis dafür, daß ich hier eines meiner beeindruckendsten Erlebnisse beschreibe: Durch eine glückliche Fügung fand ich eine Serviette, die aus dem Wäscheschrank der Familie Goethe stammen sollte. Zunächst reagierte ich fassungslos, es schien mir unglaublich, was ich da in Händen hielt. Wie aber war das kostbare Wäschestück nach Frankfurt gekommen? Altstadtvater Fried Lübbecke – verstorben am 25.10.1965 – hatte die Serviette nach Frankfurt gebracht. Sie war ein Gastgeschenk, das Lübbecke bei einem Besuch in Weimar im Jahre 1960 von Wolfgang Vulpius erhalten hatte. Nach dem Tod Fried Lübbeckes kam die Serviette zu Hedwig Loy, einer langjährigen Bekannten der Eheleute Lübbecke. Im September 1995 hatte sie mich gebeten, ihr beim Auflösen ihrer Bibliothek behilflich zu sein, da sie in ein Altenwohnheim umziehen wollte.[133] Beim Zusammenstellen der Bücher kam mir ein verstaubter Kasten mit Frankfurter Bildern in die Hand, in dem eine leicht vergilbte Serviette lag. Sehr aufgeregt meinte Hedwig Loy: „Endlich, das ist die Goethe-Serviette, die ich schon lange suche!“ Eine unfaßbare aber wahre Geschichte.

[132] Thomas Zach zeichnete für uns den Blick vom Fenster der Lübbecke-Stubb auf den Römer zu den Einladungen für die Lesungen „Dienstagstreff am Samstagsberg“.

[133] Bei der Auflösung des Nachlasses von Fried Lübbecke hatte seine Ehefrau, die Pianistin Emma Lübbecke-Job, aus dem Bestand Fried Lübbeckes eine Serviette, die aus dem Goethehaus am Frauenplan stammte, an Hedwig Loy bzw. Louise Osterroth übergeben. Die beiden Damen hatten seinerzeit Frau Lübbecke-Job geholfen, die Bibliothek ihres Gatten aufzulösen.

Bei mir stand nach einigen Überlegungen fest, die Serviette mußte wieder dahin zurück, wo sie hergekommen war. Mit dem Fundstück im Gepäck fuhr ich einige Zeit später nach Weimar. Im Goethehaus wurde ich vom Hauptkustos Dr. Gerhard Schuster empfangen. Nachdem ich ihm berichtet hatte, was ich bringe, ging ein unglaublich freudiges Erstaunen über sein Gesicht. Am Tage zuvor war im Goethehaus am Frauenplan eine Ausstellung „Verlassenschaften – Der Nachlaß Vulpius“ eröffnet worden. In dieser Ausstellung wurden nur wenige Teile Tischwäsche der Familien Ottilie und Walter von Goethe gezeigt. Schuster besah und befühlte das mitgebrachte Stück und meinte erfreut, daß diese Serviette aus dem „gleichen Wäschekorb“ stamme wie die aus dem Nachlaß erworbenen und in der Ausstellung gezeigten Teile. Ein schöner Zufall, daß gerade zu diesem Zeitpunkt ein weiteres Wäschestück zurückgekommen ist. Das einige Zeit später folgende Dankschreiben aus Weimar schließt mit den Worten: „So sind doch einige Fäden aus der Serviette zu Kontaktfäden zwischen Weimar und Frankfurt geworden“.[134]

Nach diesem Ausflug wieder zurück zum Eschenheimer Turm. Wenn es im Genehmigungsverfahren um die Restaurierung des Turmes einfach nicht weitergehen wollte oder gar mal wieder ein abschlägiges Schreiben von der Stadtverwaltung kam, in dem zu lesen stand, daß derzeit nicht mit einer Restaurierung zu rechnen sei, dann war ich manchmal sehr niedergeschlagen. Aber nur für kurze Zeit, dann hatte ich wieder eine neue Idee, die gab mir Kraft und Hoffnung zugleich. Im Laufe der Jahre war mir auch bewußt geworden, daß die vielen Freunde des Eschenheimer Turmes alle Bemühungen und Aktionen in Erwartung eines baldigen sichtbaren Erfolges unterstützten. Nach unserer Aktion am 9. Mai 1987 war es endlich so weit: Dr. Hans-Erhard Haverkampf, Stadtrat und Baudezernent der Stadt Frankfurt am Main, erklärte bei einer Besprechung im Anschluß an die Aktion „Unser Turm soll wieder leben“, daß die Renovierung nun in Angriff genommen würde. Bei der vorangegangenen Unternehmung hatten 10jährige Schülerinnen ein sehr passendes Spiel aufgeführt, mit dem viel-

[134] Dankschreiben der Stiftung Weimarer Klassik vom 6. Oktober 1995 und 9. Februar 1996.

sagenden Titel: „Wie die vier Warttürme sich beim Senat der Freien Stadt Frankfurt beschwerten".[135] Bei den Vorbereitungen gab es viel Spaß mit den Kindern, bis die Kostüme der personifizierten Warttürme angepaßt waren, die ein Kaufhaus anfertigte. Die Aufführung wurde dann auch ein voller Erfolg.

Im Jahre 1988 trat ich in den Ruhestand und hatte nunmehr Zeit zur Verfügung für alle mit dem Eschenheimer Turm zusammenhängenden Tätigkeiten. Um das Geschehen am Turm voranzubringen, hat sicherlich die Beharrlichkeit beigetragen, immer wieder bei den verschiedenen Ämtern, die am Genehmigungsverfahren beteiligt waren, nachzufassen. Nachdem im Juli 1989 die Stadtverordnetenversammlung endgültig die Restaurierung des Eschenheimer Turmes genehmigt hatte, gab es für die Aktionsgemeinschaft Eschenheimer Turm auch weiterhin viel zu tun. Wie bereits erwähnt, waren bei der Planung für das Kaminzimmer im 2. OG. keine besonderen Möbel vorgesehen worden. Bei einer späteren Besprechung im Hochbauamt haben wir dann vereinbart, daß die Aktionsgemeinschaft Eschenheimer Turm die Einrichtung des Kaminzimmers übernimmt, da insbesondere für diesen Zweck Spendengelder gesammelt wurden. Es war für uns selbstverständlich, daß die gesamte Möblierung dieses Raumes im gotischen Stil gehalten werden mußte. Wie sich herausstellte, eine schwierige und zeitraubende Angelegenheit, die nur unter Mitarbeit einiger sachkundiger Helfer zustande gekommen ist. Auch Presse und Funk wollten ständig über den Stand der sehr langwierigen Restaurierungsarbeiten informiert werden, um darüber berichten zu können. Selbst über Frankfurts Grenzen hinaus wurde vom Fortgang der Arbeiten am Eschenheimer Turm berichtet.[136] Um weitere Spendengelder für die nachzubauenden Möbel zu bekommen, mußten erneut Bittbriefe geschrieben und immer wieder bei den verschiedensten öffentlichen Veranstaltungen mit Info-Ständen geworben werden. Gedankt sei hierfür den vielen Helfern, die bereit waren, bei Wind und Wetter, freiwillig und mit Freude ihre Zeit zur Verfügung zu stellen.

[135] Bode, Helmut: Frankfurter Märchenschatz, S. 293.

[136] Unter dem Torbogen des Eschenheimer Turms ist bald Kaffeeplausch möglich, in: Aschaffenburger Zeitung, 2. September 1988.

Von der Fertigstellung der Restaurierungsarbeiten und Übergabe an die Öffentlichkeit im September 1992 wurde bereits im Kapitel „Ein Traum erfüllt sich", berichtet. Der 12. September war ein glücklicher Tag für den alten Wächter und stummen Zeugen unserer Stadtgeschichte. Sogar das Wetter spielte mit und die Fahnen hoch oben am Turm flatterten lustig im Wind. Der Eschenheimer Turm war aus seinem Dornröschenschlaf erwacht, so wie es Freiherr von Bethmann einmal auf einer Pressekonferenz prophezeite. Jetzt konnten auch wieder Schulklassen den Eschenheimer Turm besichtigen. Sogar aus dem Taunus kamen sie, um den Turm mit seiner berühmten Wetterfahne zu sehen. Die Geschichte eines so alten Turmes ist an Ort und Stelle viel eindrucksvoller zu vermitteln. Wenn die Schüler von der Turmbesteigung wieder in das Kaminzimmer (2. OG.) herunterkommen, sind sie oft so begeistert, daß sie manchmal dem Turm ein Lied singen. Für mich ist es jedesmal ergreifend, wenn die hellen Kinderstimmen im Turm ertönen. Wie bereits ausführlich beschrieben, geht es beim monatlichen „Krimmelkuche-Kaffee" recht lebhaft zu. Der Baumeister Madern Gerthener hätte sicher nicht zu träumen gewagt, daß fast 600 Jahre später interessierte Menschen aller Altersstufen sich im Turm treffen, um von dessen Geschichte zu hören. Eine besondere Aktion war am 26. April 1995 die „Lesung für Gehörlose im Kaminzimmer des Eschenheimer Turmes". Ich hatte mir vorgenommen, diesen Menschen etwas aus der Frankfurter Geschichte nahe zu bringen. Nach gründlicher Vobereitung mit den Übersetzerinnen in die Gebärdensprache wurde für die hellwachen Zuhörer bzw. Zuseher ein spannender und erfolgreicher Nachmittag daraus. Pater Amandus, Seelsorger der Gehörlosen in Frankfurt, war mit 30 Gehörlosen, Ertaubten und Schwerhörigen sowie den Übesetzerinnen gekommen. Den strahlenden Gesichtern war anzusehen, daß es ihnen im Turm gefallen hat. Leise, lächelnd und mit heftigem Kreisen der Hände als Zeichen des Beifalls, verabschiedeten sie sich.[137]

Nun noch ein paar Zeilen zur Entstehung dieses Buches. Bald nach meinem ersten Gang aufs Rathaus begann ich, Unterlagen, die ich im Zusammenhang mit dem Eschenheimer

[137] Fesselnde Stadt-Geschichten – auch ohne Ton, in: FR 2.5.1995.

Turm auffinden konnte, zu sammeln. Noch dachte ich nicht daran, ein Buch zu schreiben. Zunächst mußte die dringend notwendige Restaurierung des Turmes durch die Stadt erreicht werden. Erst allmählich kam mir der Gedanke, das gesammelte Wissen aufzuschreiben. Ich hoffe, es ist mir gelungen, nach meinem Dafürhalten, die wesentlichen Aspekte der Geschichte des Turmes in seinem Umfeld darzustellen und dabei die vielen Facetten dieses Frankfurter Kleinodes aufzuzeigen. Ein fast detektivischer Spürsinn war notwendig, um den Hinweisen nachzugehen und die wenigen Belege aus alter Zeit zu finden und auszuwerten, denn alle Aufzeichnungen zum Bau des Turmes sind nachträglich entstanden. Die vielen Quellenangaben waren erforderlich, um darauf hinzuweisen, daß ich mich an belegbare Fakten gehalten habe, doch einiges wird ungesagt bleiben. Ich bitte die Leser um Verständnis für die jeweiligen Unterbrechungen im Lesefluß.

Auch habe ich versucht, die oft sachlichen Zeugnisse durch interessante Begebenheiten zu ergänzen. Wie bereits beschrieben, war es trotz eifrigen Suchens in Ausnahmefällen nur möglich, Vermutungen aufzuzeigen. Wie zum Beispiel konnte es dazu kommen, daß beim Weiterbau des Turmes im Jahre 1426 eine Änderung der Achsrichtung vorgenommen wurde? Warum sind im Schaft des Turmes 80 Tonkrüge eingebaut worden? Doch leider war in beiden Fällen eine endgültige Klärung nicht möglich.

Es war mir wichtig, dieses Buch zu schreiben. Nicht allein die Geschichte des Turmes in Verbindung mit den Wiederbelebungsversuchen nach 1945, auch die schwierige und langwierige Restaurierung sollte hier aufgezeigt werden. Dabei muß erwähnt werden, daß zu einer Zeit, als man in Frankfurt dringend nach Parkplätzen suchte, die Freunde Frankfurts bereit waren, sich für die Erhaltung des alten Wach- und Wehrturmes mit seinem zentralen Standort am Ausgang des Innenstadtbereiches einzusetzen.

Den vielen gleichgesinnten Freunden, die jederzeit bereit waren, mir fachliche Ratschläge und Hinweise zu geben, möchte ich an dieser Stelle ein herzliches Dankeschön sagen, denn jeder hat auf seine Weise einen Teil zum Gelingen des Ganzen beigetragen.

Anhang

Die Neun in der Wetterfahne des Eschenheimer Turms

Hans Winkelsee, der Wilddieb im Eschenheimer Turm
Spricht zu der Wetterfahne, da sie bewegt der Sturm:
„Nun hast du neun Nächte mir den Schlaf geraubt
Mit deinem Drehn und Wirbeln immer über meinem Haupt!

Für das bißchen Schießen ist die Qual zu lang;
Und am Ende lautet's wohl gar auf den Strang!
Pfui, das leid'ge Zappeln ist ein schlechter Scherz!
Ich gönn' es keinem Tiere, ich treff' es mitten ins Herz.

Sie wissen nicht in Frankfurt, wie der Hänsel schießt,
Daß man zum Gesindel in den Turm ihn schließt.
Würd' ich heute ledig, ich ließe sie aus Gunst
Wohl eine Probe schauen der edlen Schützenkunst.

Ich weiß schon, wie ich's machte; in schlafloser Nacht,
Beim ew'gen Fahnenschwingen hab, ich mir's ausgedacht:
Ja, in diese Fahne, zum Gedächtnis meiner Pein,
Mit neun Kugeln schöß' ich den schönsten Neuner hinein!"

Das hört der Kerkermeister und bringt es vor den Rat.
Der Schultheiß spricht: „Die Schützen, was nützen sie dem Staat?
Er hat so viel geschossen, er ist wohl Hängens wert.
Jedennoch soll es gelten, wenn er die Rede bewährt!"

Die Schöffen, Rät' und Bürger lassen es geschehn.
„Und ist es denn beschlossen, so mag es gleich ergehn.
Bringt ihm seine Büchse und sagt ihm ohne Hehl,
Unfehlbar müss' er hängen, geh' eine Kugel nur fehl."

Der Hänsel nimmt die Büchse und küßt sie mit dem Mund:
„Nun tu mir heute wieder die alte Treue kund!
Neun Tage nicht geschossen, so schieß nun eine Neun!
Ich hoff' es wettzumachen, es soll dich nimmer gereun."

Hier standen die des Rates; und welch ein Menschenspiel!
Er richtet seine Büchse und äugelt nach dem Ziel.
„Ein Schuß! Ein Schuß! Getroffen! Und an den rechten Ort!
Seht ihr das runde Löchlein in der Wetterfahne dort?“

„Gib acht, da schießt es wieder! Und auch nicht abgeblitzt!
Ich seh ein zweites Löchlein, das bei dem ersten sitzt!
Ein drittes jetzt, ein viertes!“ Der Hänsel blickt so frech.
Mit neun Kugeln schießt er den schönsten Neuner ins Blech.

Die Menge jauchzt; es flüstern die Räte unter sich.
„Hans Winkelsee, wir wissen ein schönes Glück für Dich.
Uns fehlt der Schützenhauptmann; willst Du der sein, so sag's!
Du solltest Dich nicht weigern, es gereut Dich eines Tags!“

„Stadtschützenhauptmann begehr ich nicht zu sein,
Ich gehe durch die Wälder mit meiner Büchs' allein.
Auf den Dächern klirren die Wimpel mir zu sehr.
Ade, hier war der Hänsel, her kommt der Hänsel nicht mehr!“

Karl Simrock

Zum 10. August 1993 – Lesestunde

Beim Termsche unne uff de Gaß
Wälzt sich Verkehr ohn Unnerlaß,
Modore brumme, Reife quietsche,
Em Termsche is des kaa Vergnieche.
Trotzdem steht's fest un ziddert net
Un wer drin sitzt, der heert des net,
Denn am Kamin hält in de Rund
Ruth Schwarz die große Lesestund,
Erzählt vom Torm ganz aagaschierd,
Was dem, seit err gebaut, bassierd
Un, daß trotz allem was gescheh
Er fest konnt uff seim Sockel steh.
Un guckt err heut nur dorsch die Stadt,
Weil's Driwwerseh kaa Schangs mehr hat,
So grießt en dorsch die Hochstraß her
Sein klaane Bruder mit viel Ehr

Un winscht em, daß se alle Zwaa
En gute Stern fier Frankfort/Maa
Un daß, solang se halde Wacht,
Ihr Frankford/Maa Furore macht.

Leni Herrmann (1993)

Liewer Eschenheimer Torm

Im fuffzehnde Jahrhunnert,
da hat mer Dich erricht.
Ich hab Dich stets bewunnert
un lieb Dei alt Gesicht.

Mit Schwede hattst De Ärjer
un dem Franzoseheer,
aach dünkelhafte Berjer,
die wollte Dich net mehr.

Mer wollt Dich sterwe lasse,
warst drei mal in Gefahr,
dehtst net ins Stadtbild basse
mit Deine graue Staa.

Un aaner Deiner Redder
– Verwunnerung war groß –
des war kaan Frankfort-Städter,
des war ja en Franzos!

Des Schicksal kannt kei Gnade
nach fünfundsiebzig Jahr.
De Weltkrieg kam, de zwaade.
Bald warst De widder draa.

Die Bombe un Geschosse,
die hast De abgewehrt,
stehst stolz un unverdrosse.
Dei Herz is unversehrt.

Jetzt will mer Dich verweehne,
werst fei erausgebutzt,

kriehst Jack un Hose – scheene,
weil Dei so abgenutzt,

bleibst Frankfort so erhalde,
trotzt weider Wind un Storm
un kannst Dich neu entfalde,
Du liewer alder Torm!

Anneliese Brustmann (1987)

Das Eschenheimer Torm Lied

Im Mittelalter wuchs die Stadt aus ihre Mauern raus,
wer außerhalb gesiedelt hatt', verlor oft Vieh un Haus.
Da half en neue Festungsring, viel größer als zuvor.
Un als der später flöte ging, blieb nur aan Torm samt Tor.

Refrain:
De aale Eschenheimer Torm, der trotzte Feinde, Kriesch un Storm.
De aale Eschenheimer Torm, beeindruckt heut noch dorch sei Form.
Egal, was rund um ihn passiert, ihm mächt's nix aus, er dominiert!
De Eschenheimer, de Eschenheimer, de aale Eschenheimer Torm;
de Eschenheimer, de Eschenheimer, Alt Frankfurts Eschenheimer Torm.
Im Torm saß owwe seinerzeit, bei Wasser un bei Brot,
en Wildschütz, schon dem Tod geweiht, falls er dem Volk nix bot.
Er schoß draufhin mit viel Geschick en Neuner in die Fahn'.
Neun schuß bewahrte ihn vorm Strick, wie hatt's ihm gut getan!

Refrain

De Torm stand bald am falsche Fleck, es wuchs de Stadtverkehr.
Mer forderte: „De Torm muß weg!“, zum Glück schoß jemand quer.
Das erstemal en Kommandant, Franzos' wie sei Armee.
Un später dann half mit Verstand dem Torm 'ne gute Fee!

Refrain

Jetzt endlich wird er neu genutzt, wie des uns Berjer freut!
Mer hat en prächtig rausgeputzt, aach Fremde mächt des Freud.
Seim Image hat des gut getan, selbst Strolche war'n erbaut.
Drum hat mer aach die Wetterfahn' mitsamt de Neun geklaut.

Refrain

Text: Erich Fries, Musik: Horst Franke,
gesungen von Benny Maro zur Turmeinweihung
am 12. September 1992

Seite aus der Frankfurter Fibel von 1894

Danksagung

Den vielen Helfern und Freunden des Eschenheimer Turmes möchte ich für die Unterstützung, Beratung und Aufmunterung in all den Jahren der Restaurierung meinen herzlichen Dank aussprechen – an erster Stelle den Freunden Frankfurts e.V., denen ich zu großem Dank verpflichtet bin. Alle Personen hier namentlich zu nennen, wäre unmöglich.

Mein Dank geht auch an die Mitarbeiter des Institutes für Stadtgeschichte Frankfurt am Main, besonders für die Hilfe bei der aufwendigen Recherche bezüglich der mittelalterlichen Straßen um Frankfurt, ebenso an die Mitarbeiter des Historischen Museums Frankfurt am Main, speziell für den Zugriff auf Unterlagen aus der Graphischen Sammlung, die maßgeblich zur Klärung von Fragen hinsichtlich des Treppenaufganges in den Turm beigetragen haben. Auch dem Jüdischen Museum herzlichen Dank für die freundliche Beratung und die Fotos der silbernen Gewürzdose, die den Eschenheimer Turm darstellt. Weiterhin danke ich den Bauleitern und Architekten des Projektes Eschenheimer Turm, die mir während und auch nach Beendigung der Restaurierungsarbeiten bereitwillig mit ihrem fachlichen Rat zur Verfügung standen.

Besonders liegt mir am Herzen, an dieser Stelle den Menschen zu danken, die mit unermüdlichem Fleiß und mit Freude dazu beigetragen haben, das Buch zu vollenden: das sind Carl Heinz Hauck und Irma Hoestermann, ebenso wie Gerda Hartling, die bei der Zusammenstellung des Bildmaterials geholfen hat. Auch meinem Sohn, Dr. Erich Klein-Landskron, bin ich dankbar für seine stets guten Ratschläge und die aufmunternde Unterstützung beim Schreiben des Buches und Peter Schäfer für die ansprechende Gestaltung des Umschlags.

Von folgenden Firmen und Institutionen haben wir bei den Aktionen zu Gunsten des Eschenheimer Turmes finanzielle und materielle Unterstützung erhalten, auch ihnen herzlichen Dank: Willy Berger, „Dippegucker-Chef“, Frankfurter Sparkasse 1822, Henninger-Bräu AG, Kelterei Possmann, Rotes Kreuz Frankfurt, Stadtwerke Frankfurt am Main, Stempel-Eck, Theaterkostüme Jansen GmbH.

Auch bei den Fotografen bedanke ich mich. Besonders bei Ursula Seitz-Gray für die liebevolle Aufbereitung der Bilder und Brigita Krause, Frankfurt, für die Gestaltung des ersten Bausteins.

Quellen und Literatur

Adolf Diesterweg. Wissen im Aufbruch. Herausgegeben von der Universität Gesamthochschule Siegen. Katalog zur Ausstellung zum 200. Geburtstag. Weinheim: Deutscher Studienverlag 1990

Die alt-frankfurter Art zu leben. Anhand von Zeichnungen der „Kleinen Presse“ aus den Jahren 1885 bis 1912 dargestellt von Waldemar Kramer. Frankfurt a.M.: Verlag Waldemar Kramer 1974

Askenasy, Alexander: Die Frankfurter Mundart und ihre Literatur. Frankfurt a.M.: Gebrüder Knauer 1904

Battonn, Johann Georg: Oertliche Beschreibung der Stadt Frankfurt am Main. Aus dessen Nachlasse herausgegeben von dem Verein für Geschichte und Alterthumskunde zu Frankfurt a.M. durch Ludwig Heinrich Euler. Frankfurt a.M.: Verlag des Vereins, 1. Heft 1861 und 6. Heft 1871

Die Baudenkmäler in Frankfurt am Main. Herausgegeben mit Unterstützung der Stadt und der Administration des Dr. Johann Friedrich Böhmer'schen Nachlasses von dem Architekten- und Ingenieur-Verein und dem Verein für Geschichte und Alterthumskunde. Unter Mitwirkung von Fachgelehrten bearbeitet von Carl Wolff und Rudolf Jung. Band II: Weltliche Bauten. Frankfurt a.M.: Selbstverlag der beiden Vereine in Kommission bei K. Th. Völcker1898

Bechstein, Ludwig: Deutsche Sagen. Berlin: Buchverlag Der Morgen 1987

Bernatzky, Aloys: Von der mittelalterlichen Stadtbefestigung zu den Wallgrünflächen von Heute. Berlin u.a.: Bernhard Patzer-Verlag 1960

Bertling, Carl: Frankfurter Sagen- und Geschichten-Buch. Frankfurt a.M.: Karl Scheller 1907

Binding, Rudolf G.: Das schöne Gesicht von Frankfurt am Main. Frankfurt a.M.: Verlag des Frankfurter Kunstvereins 1924

Bode, Helmut: Die Schlacht bei Cronberg am 14. Mai 1389. Herausgegeben vom Verein für Geschichte und Heimatkunde der Stadt Kronberg. Frankfurt a.M.: Verlag Waldemar Kramer 1989

Bothe, Friedrich: Aus Frankfurts Sage und Geschichte. Frankfurt a.M.: Verlag Moritz Diesterweg 1911

Bothe, Friedrich: Brauch und Sitte im alten Frankfurt. Frankfurt a.M.: Moritz Diesterweg 1941

Bothe, Friedrich: Geschichte der Stadt Frankfurt am Main. 3., erweiterte Auflage Frankfurt a.M.: Englert und Schlosser 1929

Briefe der Frau Rat Goethe. Ausgewählt von Rudolf Bach. Leipzig: Insel-Verlag 1939, Sonderdruck 1960

Cohausen, August von: Beiträge zur Geschichte der Befestigung Frankfurts im Mittelalter. In: Archiv für Frankfurts Geschichte und Kunst. Neue Folge Vierter Band, 1869, S. 21–56

Derreth, Otto: Gärten im alten Frankfurt. Frankfurt a.M.: Verlag Waldemar Kramer 1976

Dietz, Alexander: Die zwei Reichsmessen zu Frankfurt a.M. Seperatabdruck aus der Frankfurter Handelsgeschichte. Frankfurt a.M.: Hermann Minjon 1908

Dölemeyer, Barbara: Helenopolis – Phantastisches Frankfurt. In: Archiv für Frankfurts Geschichte und Kunst. Heft 63, 1997, S. 161–165

Donner-von Richter, Otto: Die Maler-Familie Fyoll und der Römerbau im Hinblick auf die Thätigkeit der Fyolls in demselben. In: Archiv für Frankfurts Geschichte und Kunst. Dritte Folge, fünfter Band, 1896, S. 55–130

Ebrard, Friedrich Clemens / Liebmann, Louis: Johann Konrad Friederich. Ein vergessener Schriftsteller. Frankfurt a.M.: Literarische Anstalt Rütten und Loening 1918

Egle, Karl / Rosenstock, Günther: Die Geschichte der Botanik in Frankfurt am Main. Frankfurt a.M.: Umschau-Verlag Breidenstein KG 1966

Frankfurt. Herausgegeben von Johann Jakob Hässlin. 4. Auflage München: Prestel Verlag 1964

Frankfurt am Main in Fotografien von Gottfried Vömel. Herausgegeben von Wolfgang Klötzer. München: Hugendubel 1992

Frankfurt Chronik. Herausgegeben und verlegt von Waldemar Kramer. Frankfurt a.M.: Verlag Waldemar Kramer 1964, 2., erweiterte Auflage 1977

Frankfurter Ansichten aus alter Zeit. Vornehmlich aus den Sammlungen des Historischen Museums herausgegeben von Hans Stubenvoll. Honnef: Dr. Hans Peters Verlag 1959

Frankfurter Biographie. Personengeschichtliches Lexikon. Im Auftrag der Frankfurter Historischen Kommission herausgegeben von Wolfgang Klötzer. Bearbeitet von Sabine Hock und Reinhard Frost. 1. Band: A– L, 2. Band: M–Z. Frankfurt a.M.: Verlag Waldemar Kramer 1994–1996

Frankfurter Heimatbuch. Herausgegeben von Fritz Grebenstein. 1. Teil. 2. Auflage Frankfurt a.M.: Verlag Moritz Diesterweg 1928

Frankfurter Märchenschatz. Märchen und märchenhafte Geschichten, aus vielen Quellen geschöpft, herausgegeben und teilweise ganz neu erzählt von Helmut Bode. Frankfurt a.M.: Verlag Waldemar Kramer 1979

Frankfurter Sagenschatz. Sagen und sagenhafte Geschichten, nach den Quellen und älteren Sammlungen sowie der Lersner'schen Chronik neu erzählt von Helmut Bode. Frankfurt a.M.: Verlag Waldemar Kramer 1978

Giegerich, Willi: Bad Vilbel. Zweite, erweiterte Auflage. Frankfurt a.M.: Verlag Waldemar Kramer 1986

Goethe, Johann Wolfgang: Dichtung und Wahrheit. Frankfurt a.M.: Insel-Verlag 1975 (Insel Taschenbuch 149)

Grimm, Jacob und Wilhelm: Deutsches Wörterbuch. Nachdruck der Ausgabe von 1854–1971. Band 15. München: dtv 1984

Haberland, Ernst-Dietrich: Madern Gerthener „der stadt francken-furd werkmeister". Baumeister und Bildhauer der Spätgotik. Frankfurt a.M.: Verlag Josef Knecht 1992

Hendschel, Alfred: Skizzenbuch. Stuttgart: Verlag Julius Hoffmann.

Heym, Heinrich: Frankfurts Pracht und Herrlichkeit. Frankfurt a.M. Frankfurter Societäts-Druckerei 1971

Heym, Heinrich: Lebenslinien. Schicksale aus einer alten Stadt. (Neue Folge) Frankfurt a.M.: Kettenhof-Verlag 1966

Hoff, Johann Friedrich: Frankfurter Künstler. Frankfurt a.M.: F. A. E Prestel 1914

Hoffmann, Heinrich: Lebenserinnerungen. Von den Urenkeln Heinrich Hoffmanns – Else Hessenberg, Kurt Hessenberg und Mathilde Jung – autorisierter Neudruck, ergänzt und überarbeitet nach dem Original-Manuskript von Heinrich Hoffmann und der Erstausgabe von 1926. Herausgegeben von G. H. Herzog und Herbert Siefert unter Mitarbeit von Marion Herzog-Hoinkis. Frankfurt a.M.: Insel Verlag 1985

Horne, Anton: Frankfurter Inschriften. Frankfurt a. M.: Carl Jügels Verlag 1897

Kirchner, Anton: Ansichten von Frankfurt am Main. Band I und II. 1818, Nachdruck: Frankfurt a.M.: Weidlich 1982

Kirn, Richard: Frankfurt – so wie es war. Düsseldorf: Droste-Verlag 1967

Klötzer, Wolfgang: Zu Gast im alten Frankfurt. München: Hugendubel 1990

Klötzer, Wolfgang: „Wahrlich eine schöne und lebendige Stadt…" Kleine Schriften zur Frankfurter Kulturgeschichte. Frankfurt a.M.: Verlag Waldemar Kramer 1985 (Archiv für Frankfurts Geschichte und Kunst. 60)

Kriegk, Georg Ludwig: Deutsches Bürgerthum im Mittelalter. Frankfurt a.M.: Literarische Anstalt Rütten und Loening 1868

Kugler, Johann Georg: „Der Eschenheimer Turm zu Frankfurt a/Main 1400–1428". Handschriftlicher Text zu den Aufnahmezeichnungen vom Juli 1885 des Maurermeisters und Bauunternehmers J.G. Kugler. Frankfurt a.M. 1890

Lenhardt, Heinz: Die Frankfurter Stadterweiterung von 1333. In: Schriften des Dreieich-Museums. Langen: G. H. W. Werners, Heft 5, 1934

Lerner, Franz: Eschersheim. Herausgegeben von der Frankfurter Sparkasse von 1822. Frankfurt a.M. 1980

Lerner, Franz / Krämer, Leoni / Lohne, Hans: Das Hospital zum Heiligen Geist. Grundzüge seiner Entwicklung. Herausgegeben von Rainer Koch. Kelkheim: H. Kunz Verlag 1989

Lerner, Franz: Das tätige Frankfurt im Wirtschaftsleben dreier Jahrhunderte, zugleich ein Handbuch der Altfrankfurter Firmen. Frankfurt a.M.: Verlag Gerd Ammelburg 1955

Leweke, Wendelin: Geschichten am Rande der Geschichte. Frankfurt a.M.: Societäts-Verlag 1992

Lohne, Hans: Frankfurt um 1850. Nach Aquarellen und Beschreibungen von Carl Theodor Reiffenstein und dem Malerischen Plan von Friedrich Wilhelm Delkeskamp. Frankfurt a.M.: Verlag Waldemar Kramer 1967

Lorei, Madlen / Kirn, Richard: Frankfurt und die Goldenen Zwanziger Jahre. Frankfurt a.M.: Verlag der Frankfurter Bücher 1966

Lübbecke, Fried: Das Antlitz der Stadt. Frankfurt a.M.: Verlag Waldemar Kramer 1952, unveränderter Nachdruck 1983

Padjera, Emil: Das mittelalterliche Vorwerk des Eschenheimer Thores. In: Mittheilungen an die Mitglieder des Vereins für Geschichte und Alterthumskunde Frankfurt a. M. Band 7, 1884, S. 275–283

Reiffenstein, Carl Theodor siehe Lohne, Hans

Ringshausen, Gerhard Johannes: Madern Gerthener. Leben und Werk nach den Urkunden. Diss. Göttingen 1968

Schembs, Hans-Otto: In dankbarer Erinnerung. Die Ehrenbürger der Stadt Frankfurt am Main. Frankfurt a.M.: Verlag Josef Knecht 1987

Schembs, Hans-Otto: Vom Saalbau zu den Bürgerhäusern. Die Geschichte der Saalbau-Aktiengesellschaft und der Saalbau GmbH in Frankfurt am Main. Herausgegeben von der Saalbau GmbH. Frankfurt a. M.: Verlag Waldemar Kramer 1989

Schembs, Hans-Otto: Weither suchen die Völker sie auf. Die Geschichte der Frankfurter Messe. Frankfurt a. M. Verlag Josef Knecht 1985

Schrotzenberger, Robert: Francofurtensia. Frankfurt a. M.: Selbstverlag 1884

Schüssler, Heinrich: Frankfurts Türme und Tore. Frankfurt a. M.: Verlag Waldemar Kramer 1951

Seubert, Reiner: Eckenheim. Herausgegeben von der Frankfurter Sparkasse von 1822. Frankfurt a. M. 1981

Steinfeld, Ludwig: Chronik einer Straße. Die alte Straße von Frankfurt nach Leipzig. Horb am Neckar: Geiger-Verlag 1989

Stoltze, Friedrich: Gedichte und Erzählungen in Frankfurter Mundart. 15. Auflage Frankfurt a. M.: Verlag von Heinrich Keller 1922

Traut, Hermann: Der Römer und die neuen Rathausbauten zu Frankfurt a/M. 2. Auflage Frankfurt a. M.: Römerverlag 1922

Verleger, August: Alt-Frankfurter Sagen. Frankfurt a. M.: Hirschgraben-Verlag 1952

Vogt, Günther: Frankfurter Bürgerhäuser des Neunzehnten Jahrhunderts. Ein Stadtbild des Klassizismus. Aufnahmen Paul Wolff. Frankfurt a. M.: Societäts-Verlag 1979

Die Wallanlagen in Frankfurt am Main. Herausgegeben vom Garten- und Friedhofsamt der Stadt Frankfurt am Main. 1988

Wehrhan, Karl: Die schönsten Sagen der alten Reichsstadt Frankfurt a. Main. Frankfurt a. M.: Englert und Schlosser 1923

Wolter SJ, Hans: Frankfurt am Main als Ort christlich-abendländischer Begegnung. Beitrag zur Jahresversammlung der Görres-Gesellschaft am 7. Okt. 1956 in der Paulskirche. Frankfurt a. M.: Verlag Waldemar Kramer 1956